# 18歳からはじめる憲法

［第2版］

水島朝穂 著 *Mizushima Asaho*

法律文化社

# 第 2 版はしがき

　本書発刊からちょうど 5 年が経過した 2015 年 6 月、「18 歳」をめぐる状況は大きく変化した。何より 18 歳選挙権が実現した。首相官邸による強いイニシアティヴによるものといわれている。旧版「はしがき」の脱稿日付には「2010 年 5 月 18 日　憲法改正手続法施行の日に」とある。憲法改正手続法の附則 3 条には、「国は、この法律が施行されるまでの間に、年齢満 18 歳以上満 20 歳未満の者が国政選挙に参加することができること等となるよう、選挙権を有する者の年齢を定める公職選挙法、成年年齢を定める民法その他の法令の規定について検討を加え、必要な法制上の措置を講ずるものとする」とある。附帯決議第 2 項にもほぼ同様の文言がある。しかし、18 歳選挙権は放置されたままだった。それが 2015 年になって唐突に 18 歳選挙権が実現した。18、19 歳の若者はフェイスブックなどにはまっている人たちが多いから、「フェイスブック宰相」(『ニューズウィーク』2013 年 7 月 30 日号の見出し）である安倍晋三氏としては、改憲「いいね」をたくさんもらえると見込んでのことだろうか。動機がどうあれ、長年にわたる懸案が一つ実現したことは確かである。

　安倍第 1 次内閣が憲法改正国民投票法で投票権者を 18 歳以上としたとき、本書の企画が持ち上がった。安倍内閣が集団的自衛権行使容認の政府解釈の強引な変更を行った 2015 年夏、学生たちは国会前デモで、「民主主義ってなんだ」「立憲主義ってなんだ」と問いかけた。18、19 歳が一票を投じることができるようになったいま、憲法についての知識と問題意識が必要になっている。そうした「憲法ってなんだ」という疑問に答えるために、本書第 2 版を世に送る。18 歳以上のすべての世代の人々が、憲法について考えるきっかけになれば幸いである。

　本書で使用した写真はすべて、私および水島ゼミ関係者が撮影したものである。さまざまな歴史グッズについては、私が収集し、あるいは内外のさまざまな方々から提供されたものである。

　最後に、大東文化大学法学部准教授・藤井康博君と鹿児島大学教育学部専任講師・城野一憲君には、用語解説から校正に至るまで本書のヴァージョンアップについてお世話になった。また、法律文化社編集部の掛川直之氏には今回も大変お世話になった。記して謝意を表したい。

2016 年 3 月 29 日　安保関連法施行の日に

ドイツ、ボンにて　水島 朝穂

# はしがき

　本書は「18歳から」という、年齢にターゲットをしぼった入門書である。18歳を投票権者とする憲法改正手続法（国民投票法）も施行され、また、政権交代によって18歳選挙権をめぐる動きにも微妙な変化が生まれるなかで、当の18歳、19歳の憲法意識を高めることは重要な課題となっている。その意味で、18歳に焦点をあてた本企画には、なかなかの先見性があったといえるだろう。本書がその第1号ということだったのだが、ひとえに著者の怠慢から、予定よりもかなり遅れることになり、編集部には大変ご迷惑をおかけした。この場をお借りしてお詫びしたい。

　なお、本書は、この18年間、『ヒロシマと憲法』『オキナワと憲法』『世界の「有事法制」を診る』『改憲論を診る』などの仕事でご一緒した法律文化社の小西英央編集部長からの提案と依頼によるものである。恒常的多忙状態のなか、書き下ろしは困難だった。そこで、『法学セミナー』（日本評論社）の連載「現場からの憲法学」（1997年4月～98年3月、全11回）、『月報司法書士』（日本司法書士会）の連載「憲法再入門」（2003年2月～7月、全6回）と「憲法再入門Ⅱ」（2004年3月～05年7月、全18回）、WASEDA GARDEN連載「憲法から時代を読む」（2007年4月～08年6月、全30回）のなかから記述を活用した部分もある。

　また、本書で使用した写真はすべて、私および水島ゼミ関係者が撮影したものである。さまざまな歴史グッズについては、私が収集し、あるいは内外のさまざまな方々から研究室に提供されたものである。

　最後に、法律文化社編集部の掛川直之氏には大変お世話になった。氏のやさしい督促と激励がなければ、山籠もりしてまで執筆することはなかっただろう。小西部長の変わらぬご協力にも感謝したい。また、早稲田大学法学学術院助手の藤井康博君には、詳細な用語解説から校正に至るまでお世話になった。記して謝意を表したい。

2010年5月18日　憲法改正手続法施行の日に

八ヶ岳南麓にて　　水島 朝穂

# 目 次

第2版はしがき
はしがき

## 第Ⅰ部 総 論——憲法の場へ(再)入門

**序 憲法を学ぶ視線** ...... 2
18歳が、いま、なぜ憲法なのか／現場へのこだわり——本書の視線①／
何のための憲法論か——本書の視線②／原点からものをみる——本書の視線③

**1 立憲主義ってなに？** ...... 6
なぜ憲法は必要なのか／大統領3選禁止の意味——「人気があっても、任期でやめる」／
なぜなら憲法があるから…

**2 憲法前文から読みとる** ...... 8
前文暗記で憲法教育？／前文の法的性格／前文を変えるというけれど

**3 憲法は誰が守る？** ...... 10
「憲法村長擁護義務」／一般国民ではなく公務員すべての憲法尊重擁護義務／国民の憲法忠誠がない意味

**4 憲法の補則から見えるもの** ...... 12
憲法のトリビア話／日本国憲法第11章／ドイツ基本法第11章

**5 国民主権と18歳選挙権——あなたがこの国の主人公だというけれど** ...... 14
主権とは何か／主権における Whose?／日本国憲法の代表制／18歳が18歳選挙権に消極的？

**6 象徴天皇制、その無意味の有意味** ...... 18
象徴天皇制がモデルに／現人神から「象徴」へ／リセットの仕掛け／象徴天皇制のゆくえ

**7 なぜ「9条」は必要なの？** ...... 20
憲法9条誕生の背後にあるもの／立憲主義との関係からみた憲法9条／
憲法9条をめぐる「現実」——「自衛力」合憲説？／集団的自衛権行使容認の「安保法制」／
憲法9条のダイナミズム／補論：「3.11」は憲法改正（緊急事態条項）の理由にならない

**8 「安全」vs. 自由** ...... 26
「安全・安心」という言葉／「安全」と憲法／「テロ」からの安全？／「生活安全条例」の危なさ

## 第Ⅱ部 人権論——個人の権利を保つこと

**9 人権とは——その語られる場とは？** ...... 30
「人権」というけれど／「個人」の人権の対「国家」性／元カレによる人権侵害？

| | | |
|---|---|---|
| 10 | 人権はどのようにして発展してきたの？──「人権」物語 | 32 |
| | 壮大なるフィクションの意味／フィクションから憲法上の権利へ／人権の再転換？ | |
| 11 | 人権と「公共の福祉」の微妙な関係 | 34 |
| | 「公共の福祉」とは？／「公共の福祉」の風景 | |
| 12 | 人権は法人にも保障されるの？ | 36 |
| | 人権における Whose?／性質適用説というけれど／強制加入団体で起きたこと | |
| 13 | 人権と感染症から見える「特別権力関係」 | 38 |
| | 新型インフルエンザへの不安／前文をもつ感染症予防・医療法／「特別権力関係」の例示？ | |
| 14 | 平等原則の前線──女性も戦場へ行った | 40 |
| | 女性の戦闘職種拡大の意味するもの／さまざまな平等と合理的区別／雇用機会の平等 | |
| 15 | プライバシー権──生活調査とＩＴ社会 | 44 |
| | 学生にセックス体験を聞く／国勢調査の目的は何か／国勢調査はどこが問題か／プライバシー権をどう理解するか／IT 時代のプライバシー権 | |
| 16 | 思想・良心の自由──内申書裁判で問われたこと | 48 |
| | 中学生にも「全共闘」がいた時代／思想・良心の自由とは何か／沈黙の自由 | |
| 17 | 信教の自由と政教分離──何を信じてもいいけれど | 50 |
| | 「北海道開拓の村」で／信教の自由とは何か／政教分離とは？ | |
| 18 | 表現の自由と国際人権条約 | 54 |
| | ナチス式敬礼／国際人権条約による表現の自由規制 | |
| 19 | 表現の自由と「わいせつ」 | 56 |
| | 平積みの「わいせつ文書」／「わいせつ」規制の根拠／ポルノと平等・権利の保障 | |
| 20 | 学問の自由──なぜ大学の自治は大切なの？ | 58 |
| | 「学び、問う」への旅立ち／学問の自由の本質／大学の自治の原点と現点 | |
| 21 | なぜ「家族」も憲法の条文にあるの？ | 60 |
| | 「家庭のない家族の時代」から１世代以上／憲法と家族／家族をめぐる法状況 | |
| 22 | 生存権──朝日訴訟から半世紀のリアリティ | 62 |
| | 一結核患者の命がけの訴え／朝日訴訟一審判決の光／生存権をめぐる学説／「構造改革」の荒野からの脱却を／憲法 25 条の存在価値 | |
| 23 | 教育を受ける権利──子どもの視点から | 66 |
| | 子どもの権利条約から四半世紀／教育を受ける権利とは？／教育の自由の意義 | |

| 24 | 勤労権と労働基本権──「格差社会」での現代的意味 ………………………… 68 |

「格差社会」の風景／勤労の権利の意味／児童酷使の禁止／団結権の現代的意義／
団体交渉権とストライキ権

| 25 | 財産権──不可侵性と「公共の福祉」の間で ………………………………… 72 |

軍用地も住宅ローンも投資対象に／財産権の保障は絶対ではない／正当な補償とは？

| 26 | 人身の自由と刑事手続──権力は間違うから ………………………………… 74 |

死刑求刑が無罪に──北方事件／国家権力は間違うから／自白に対する「不信の構造」

| 27 | 拷問は絶対禁止？ ……………………………………………………………………… 76 |

例外なしに禁止／拷問禁止の射程／必要な拷問がある？

| 28 | 参政権──外国人と、どう考えるの？ ………………………………………… 78 |

ある町内会の話／外国人参政権はノープロブレム？／永住者の地方参政権実現に向けて

## 第Ⅲ部　統治機構論──国家の権力を分けるしくみ

| 29 | 国会の二院制とは──参議院はいらない？ …………………………………… 82 |

「衆議院のカーボンコピー」？／二院制の意義／「ねじれ国会」と参議院

| 30 | 国会議員の不逮捕特権はいらない？ ……………………………………………… 84 |

「特権」への不信／不逮捕特権の意義

| 31 | 国政調査権──接待漬け元次官の証人喚問から ……………………………… 86 |

災害派遣の時にもゴルフを続けた／国政調査権とは何か

| 32 | 内閣と行政とは──首相は誰が選ぶ？ ………………………………………… 88 |

「行政権」とは何か／内閣と内閣総理大臣／議院内閣制と大統領制の違いは？／
首相公選論──大統領型首相？／内閣機能の強化と「官邸主導」

| 33 | 司法の独立とは──裁判官の職権の独立は？ ………………………………… 92 |

児島惟謙大審院長のもう1つの顔／司法権・裁判所・裁判官の独立／
国会 vs. 裁判所──浦和事件と吹田黙祷事件／司法行政 vs. 裁判官──平賀書簡問題と再任拒否事件／
裁判官の独立は守られているか──俸給格差から裁判員制度まで

| 34 | 裁判官弾劾裁判所なんていらない？ ……………………………………………… 96 |

どこにあるか知っていますか／裁判官弾劾裁判所の役割／存在することに意味がある

**35 違憲審査制の意味──「裁判官としてあたりまえのことを」** ............ 98
　裁判所が自衛隊を違憲と判断した／具体的か抽象的か？──違憲審査もいろいろ／
　日本の違憲審査制について／統治行為論に逃げ込まなかった裁判官

**36 財政立憲主義と財政民主主義** ............ 102
　「お金」をもてあそぶ権力者たち／憲法第7章「財政」に書かれていること／公金支出の制限／
　「払税」者の権利

**37 地方自治の可能性──沖縄が問い続ける現実** ............ 106
　名護市民投票の意味／「国家的利害誘導」の失敗／「地方自治の本旨」の射程／
　地方自主立法＝条例／住民投票の新しい可能性／平和における地方の時代──辺野古基地移設問題

**38 憲法保障を考える意味──「憲法の番人」は誰？** ............ 112
　「憲法」を「擁護」する「官庁」？／憲法保障の意味／
　さまざまな憲法保障──違憲審査制から抵抗権まで

**39 憲法改正をどう考える？──18歳からはじめる議論に期待する** ............ 114
　結局、憲法って何だ？／憲法の変わり方／憲法改正に限界はある？

## 凡　例

　本書では多くの文献を参考としているが、本書が教科書であることから、研究論文や他の教科書など多くの文献の注記を省略せざるを得なかった。
　もっとも、特に読んでほしい文献については、できる限り明記した。

　裁判例についても、原則として年月日のみ情報を載せた。
　裁判所のウェブサイトや、大学でデータベース「LEX/DB インターネット」などを検索してほしい。
　特に明記した重要判例の略語は下記の通りである。

　　民集：最高裁判所民事判例集
　　刑集：最高裁判所刑事判例集
　　行集：行政事件裁判例集

　本書の補講（補足）としては、筆者のホームページ http://www.asaho.com から「サイト内検索」欄で気になるキーワードを検索してほしい。

第 I 部
# 総 論
憲法の場へ（再）入門

# 序 憲法を学ぶ視線

## ◆ 18歳が、いま、なぜ憲法なのか

　2015年6月17日（水）。選挙権年齢を「18歳以上」に引き下げる改正公職選挙法が、参議院において全会一致で可決・成立した。1945年に「25歳以上」から「20歳以上」に引き下げられて以来、70年ぶりの改革である。

　毎年、成人式の季節になると、20歳になった若者たちが「今日から大人の仲間入り」といって、おおっぴらに酒を飲み、煙草を吸い、メディアに取材されると「選挙権もあるので、大人としての自覚をしたい」などと答えていた。だが、世界では、こんな風景は珍しい。多くの国では、18歳に選挙権がある（図表参照）。16歳選挙権の国や、18歳で兵役にとられる国もある。18歳は自らの権利・義務についてもっと真剣だ。

　2007年に憲法改正手続法が制定され、憲法改正国民投票の有権者が「日本国民で年齢満18年以上の者」とされたが、この時は公職選挙法を改正して18歳選挙権を実現することについて、結論は先送りされた（18歳成年も遅れて民法2018年改正で2022年より）。18歳と19歳は、いきなり憲法改正という問題についてだけ「有権者」になったわけである（→❺㊴）。それだけではない。ワーキングプアや「子どもの貧困」など、若者たちにとっても生活をめぐる状況は切実である。「賃金の節約（！）」を理由にして非正規雇用が4割を超えたこの国で、憲法27条にいう「勤労の権利」がまともに保障されているといえるか（→㉔）。18歳はもっと憲法に関心をもっていいのではないか。だが、18歳からの強い要求というよりは、憲法改正をめぐる政治力学のなかで（「官邸主導」）、18歳選挙権がこのタイミングで実現した。18歳選挙権導入と同時に憲法改正の動きが活発化したのは偶然だろうか。そういう時代に、憲法を学ぶ意味はことのほか大きい。

　といっても、何事も「出会い」が大切である。高校までの授業のなかで、憲法前文をお経のように暗記させられた人にとっては、「憲法」と聞くと、「かたい」「退屈」「暗記もの」というイメージが強いかもしれない。「不幸な出会い」を引きずっている人が、さらに大学でも不幸な出会いを繰り返さないとも限らない。本書では、憲法を学ぶことが「好きになってもらう」とまではいかなくとも、決して「嫌いにさせない」ということだけは心がけたいと思う。そのためには、**憲法規範**を生きた現実のなかで捉えなおすという方法をとる。「時代の呼吸」を大切にしながら、そこから見えてくる憲法問題を拾いだす。そして、それが**憲法解釈**のレベルでどういう意味をもつのかにつなげていく。憲法的思考の幅と奥行きはできるだけ広くとるというのが狙いである。

## ◆ 現場へのこだわり──本書の視線①

　さて、本書では、3つの点に留意したいと思う。その1つ目は、そして本書全体を貫く主旋律は、端的にいえば「現場へのこだわり」ということになる。

　憲法をめぐって生ずるさまざまな問題、そこにおける「事実」の経過、背景、展開、そして後の問題への影響などを重視する。さまざまな憲法問題を扱い、ま

---

**➡ 憲法規範**

多くは、日本国憲法など憲法典の条文に書かれているもの。通常、憲法上、「〜しなければならない」「〜すべき」（当為）で表される規準。規範の反対語は、「〜である」で表される「事実」。たとえば、国民は「個人として尊重される」「差別されない」こと（憲法13、14条）は規範だが、「日本社会は集団的で男女差別が今も残る」ことは事実といえる。

芦部信喜『憲法［第7版］』〔岩波書店、2019〕によれば、憲法規範の特質には、①自由の基礎法、②（国家権力を）制限（する）規範、③（法律よりも上位の）最高法規がある（→㊴）。このように法律と異なる「憲法」規範を本書では学んでいく。

**➡ 憲法解釈**

「憲法規範」の意味を明らかにすること。一見、条文を読んだだけでは意味がわからないこともあるから読み解く必要がある。主に本書では具体的な事実にあてはめる前に解釈をする。学説（本書もその1つ）や一般人の解釈もあれば、国家（立法・行政・司法）の公権解釈もある。特に司法の解釈が「憲法訴訟」で重視される。

以下は少しだけ深く学びたい方に。現在、解釈は「正解」のない価値判断との考えが多い。また、「事実」と「規範」（特に国法）を峻別したH・ケルゼンの『純粋法学』（そのヴァリエーションの「純粋憲法学」）に対し、来栖三郎は法解釈論争で「事実」と「解釈」「フィクション」の緊張関係を重視した（本文後述）。本書では、こうした国家の法規範を対象とする憲法解釈学はもちろん、社会の

たそこで展開される憲法解釈をとりあげ、さらに関連する判例の分析を行う場合でも、常にこの視点をキープしていきたい。

もっとも、「事実」といっても、事はそう簡単ではない。「これが事実だ」といっても、それをめぐって、さまざまな認識の違いや対立がある場合も少なくない。また、やみくもに「事実」だけを追っても、問題を憲法的に扱ったことにはならない。要は、憲法規範が具体的現実のなかで、どのように機能し、かつ意味をもつのかを探っていくことである。

裁判の世界では、一審(地方裁判所が大半)が事実審となり(→㉟)、さまざまな「事実」が証拠に基づいて争われる。裁判所によって認定された「事実」と、そこへのなにがしかの法(①規範)のあてはめ(②適用)によって、なにがしかの判決(③結論)が導かれる(法的三段論法)。**憲法訴訟**では、そこにおける憲法上の論点が当然検討の対象となる。同時に、そうした憲法訴訟が生まれた背景事実などを含め、より広い視野から問題を捉えていくことも重視していきたい。

『判例百選』などでは、見開き1頁で、「事実の概要」「判旨」「解説」という流れでコンパクトにまとめられている。各種の試験を突破するには、多くの判例を正確に頭にインプットしておくことは大切だ。ただ、「事実の概要」とされるものは、裁判所が認定した「事実」であって、それがすべてではない。憲法を学ぶ際、それでいいのだと、割り切ることも1つのやり方である。だが、「割り切りすぎない学び方」も必要ではないか。「事実の概要」で片づけられた「向こう側」にあるものへの眼差しにこだわってみる。こういう学び方も必要だろう。

憲法を学ぶには、条文・判例・学説といった三大栄養素を含む「主食」の摂取は当然としても、それぞれ微量ながらミネラルも欠かせない。体がバランスのとれた栄養摂取を必要とするように、憲法を学ぶにもミネラルが必要である。これにあたるものが、筆者のいう「現場へのこだわり」である。新聞やメディアからの情報に敏感になることはもちろんである。本書では、さまざまな「現場」や「時代」の呼吸を反映した、「旬」のネタにこだわりながら、そこで問われた憲法上の論点を探っていきたい。まさに憲法を「学び」「問う」のである(→⑳)。

「事実」「現場」にこだわる憲法社会学としても学んでいく。国家と社会の区別や、国法・憲法解釈学について深めたい方には、樋口陽一『憲法[第3版]』〔創文社、2007〕、E-W・ベッケンフェルデ〔初宿正典編訳〕『現代国家と憲法・自由・民主制』〔風行社、1999〕。

**⦿ 憲法訴訟**

法令や行為が合憲か違憲かを争点として提起される訴訟。日本では、事件に付随して判断する具体的違憲審査制としてなされる(→㉟)。そのため、特別な憲法裁判所での「憲法訴訟」という特別な訴訟の型はなく、通常の裁判所(地裁も最高裁も)で、民事訴訟・刑事訴訟・行政訴訟のいずれかで提起される。

なお、「憲法判例」とは、広くは憲法にかかわる裁判所の判断、狭くは最高裁判所の憲法判断のうち現在も拘束力のあるものをいう。

水島朝穂・金澤孝編・奥平康弘ほか『憲法裁判の現場から考える』〔成文堂、2011〕も本書の視線①とかかわる。

---

憲法施行切手と18歳選挙権ポスターの視線

憲法施行日(1947年)に、2枚セットで発売されたうちの1枚。国会議事堂をバックに、赤ちゃんを抱いた女性が未来を見つめる。

憲法公布から70年後(2016年)に、選挙権を得た18歳が、総務省の18歳選挙権の広報ポスターを見つめる。

20歳男女の初選挙から70年後の選挙で、18、19歳の未成年者約240万人が有権者となる。

世界各国の議会(下院)選挙権の年齢の一例

| | | | | | |
|---|---|---|---|---|---|
| アフガニスタン | 18 | カナダ | 18 | ドイツ | 18 |
| アメリカ | 18 | 韓国 | 19 | ニカラグア | 16 |
| アラブ(UAE) | 25 | カンボジア | 18 | 日本 | 18 |
| アルゼンチン | 16 | 北朝鮮 | 17 | ノルウェー | 18 |
| イギリス | 18 | キューバ | 16 | パキスタン | 18 |
| イスラエル | 18 | ギリシャ | 18 | 東ティモール | 17 |
| イラク | 18 | コスタリカ | 18 | フィリピン | 18 |
| イラン | 18 | スイス | 18 | ブラジル | 16 |
| イタリア | 18 | スペイン | 18 | フランス | 18 |
| インド | 18 | 台湾 | 20 | ポルトガル | 18 |
| インドネシア | 17または結婚している者 | | | マレーシア | 21 |
| エクアドル | 16 | 中国 | 18 | レバノン | 21 |
| オーストリア | 16 | チュニジア | 18 | ロシア | 18 |

189カ国・地域のうち、18歳が選挙権をもつ国:176カ国
那須俊貴・木村志穂「諸外国の選挙権年齢及び被選挙権年齢」レファレンス779号〔国立国会図書館 調査及び立法考査局、2015〕より一部抜粋

◆ **何のための憲法論か——本書の視線②**

　本書で心がけたい2つ目は、「何のための憲法論か」という視点である。
　いま手元に、日本国憲法施行の2ヵ月前に兵庫県が出した小冊子がある。『新憲法公布記念　新憲法の解説』〔兵庫県社会教育協会、1947〕。国務大臣・金森徳次郎の講演「新憲法の精神」が収録されている。平和主義や国民主権、基本的人権の意味を淡々と説いた金森は、講演をこう締めくくっている。
　「この憲法こそは成程これは法文でありますから活字で印刷してあり『インキ』をもって紙の上に記述されているものでありますけれども、頭を変えて本体を見よ、これは国民の熱情をもって記されてあるものであり、国民の心の上に刻み込まれてあるものでありましてこの憲法に対して客観的な批評をするのが国民の任務ではありません。国民がこれによって実行によって憲法を肉付けるという所に国民諸君の義務がある。かように考えている次第であります」（現代かなづかいに改めた）。
　この文章は、いまから半世紀以上前の言葉だが、「憲法を肉付ける」という表現が生々しい。憲法は特定の価値観を決めて押し付けるものではなく、憲法の骨組みを憲法解釈・実践で肉付ける。つまり、市民は、憲法を自らの生活のなかに活かしていく日常的な努力、いわば「普段の不断の努力」を求められるわけである。「憲法を暮らしのなかに」という形でスローガン化されると陳腐になるが（→❸）、「憲法を活かす」という姿勢は、憲法を学ぶ重要な目的の1つといっていいだろう。
　かつて憲法学者の宮沢俊義は、「自分のしらない人でも、罪なくして苦しめられている人がいると聞いては、じっとしていられない気持ち……これが私のいう人権の感覚であります」と約70年前の入門書のなかで述べた（宮沢俊義『憲法入門［初版］』〔勁草書房、1950〕〔傍点原文〕）。素朴な表現ながら、このようなセンスを大切にしたい。憲法を学ぶということは、あれこれの法律の1つを学ぶのと異なり、（憲法が個人の生き方を教えてくれるわけではないにしても）人間としての生き方の基本的な側面への眼差しが必要ではないだろうか。
　こんなことをいうと、民主主義や人権の「理念」を大上段に構える一時代前の発想という声も聞こえてきそうである。「純粋憲法学」の立場からすれば、それこそ「混じりっけタップリ」の憲法論かもしれない。だが、小さな個人が原告となって、国を相手に憲法訴訟を起こしているという場合、そのなかで特定の解釈を選びとることは、すぐれて実践的行為であって、単なる説明の美学や「趣味の問題」にとどまることはできないだろう。だからといって、原告や「運動」の側にぴったり寄り添って、無理な運動論的解釈を展開せよといっているのではない。「運動」との適切・適度な距離、時には緊張関係を保つことも、学問の発展のためには必要であろう。人権感覚と同時に、「人権間隔」のセンスが求められる。
　これらの点は、1950年代の「法解釈論争」で、民法学者・来栖三郎が指摘した「法解釈者の責任」の問題にもつながる。2014〜15年にかけて、集団的自衛権行使を違憲とする政府解釈を安倍晋三内閣が強引に変更した時、これに対して圧倒的多数の憲法研究者が、見解の相違、安全保障についての方法論の違いなどを超えて「憲法違反である」という態度をとった（→❼）。歴史と法解釈に対する研究者の責任の問題として、初学者の脳裏にも記憶されていいだろう。

◆ **原点からものをみる——本書の視線③**

　本書で心がけたい3つ目は、「原点からものをみる」ということである。いま私たちは、憲法条文について「いまそこにあるもの」として解釈の対象とする。しかし、憲法は、「人類の多年にわたる自由獲得の努力の成果」（97条）なのであ

り、そのために無数の血と脂汗と涙が流されてきたことを忘れてはならない。

ドイツの法学者Ｒ・フォン・イェーリングの『権利のための闘争』にこうある。

「この世の一切の法はたたかいとられたものであり、いかなる重要な法規もまず、これに反抗する者たちから、たたかいとられねばならなかった。こうして、国民の権利であれ、個人の権利であれ、およそどのような権利も、不断にこれを主張していく用意があることを前提としているのである。法は単なる思想ではなくて、生ける力なのである」（原典1872、村上淳一訳〔岩波文庫、1982〕、小林孝輔・広沢民生訳〔日本評論社、1978〕）。

著名な憲法訴訟である恵庭事件の当事者、野崎健美氏。自衛隊法違反事件の被告人（→㉖）であった。日本国憲法制定過程の記録を徹底的に調べ上げ、法廷で自己の見解を展開した。「常に原点からものをみていく」という野崎氏は、かつて筆者にこう述べたことがある。この姿勢は、憲法を学ぶ者に刺激的な示唆を与えてくれるに違いない。

「私はいい意味での個人主義というものが大切だと思います。"誰かのためにやる"というのではなく、"自分自身がこうせざるをえないから、こうする"というのがまずなければ本物ではない。自律した個人があって、それが力を発揮しあえる運動ではなくてはいけない。〔…〕自分の権利を主張する時も、どういう権利が法的に保障されているのかを知らなければいけない。当然憲法を勉強する。しかし103カ条の憲法の条文だけでは不十分で、それがどうやってできたのか、どういうふうに権利は保障されているのかを原点に遡って考えていく。そこで前に述べたように、〔憲法〕制定過程の審議録なども徹底して勉強したわけです」（水島朝穂『ベルリン・ヒロシマ通り——平和憲法を考える旅』〔中国新聞社、1994〕）。

いま、世界は大きく動いている。一国の憲法問題が国際問題にもなり、地球規模の問題が国内問題にもなる時代である。人権についても、国際人権の動向に対する不断の目配りが求められるようになってきた（→⓳）。

世界の18歳と共通の視野をもって、憲法の問題を考えていこう。

『新憲法読本』〔読売新聞社、1946年11月〕ほか

『あたらしい憲法のはなし』（→❺）や『新憲法公布記念　新憲法の解説』（本文）のほかにも、さまざまな機関や団体が憲法パンフレットを出した。

恵庭事件公判記録ほか

騒音被害に抵抗して自衛隊の通信線を切断した酪農家の被告人は、公判で「平和的生活権」（→❷）を主張（久田栄正特別弁護人）。自衛隊の合憲性を正面から争った。札幌地裁は、自衛隊法の構成要件を無理に限定解釈して憲法判断を回避し（→㉟）、被告人を無罪とした。検察は控訴せず、無罪確定（1967年3月29日判決）。

# 1 立憲主義ってなに？

### ◆ なぜ憲法は必要なのか

憲法とは何か。憲法はなぜ必要なのか。そもそもの問いから始めよう。

教科書的にいうと、憲法には2つの意味がある。国家あるところ憲法あり。いかなる時代、いかなる国にも、国家の統治の仕組みや作用を定めた規範が存在する。これが「固有の意味の憲法」である。もう1つは、**近代市民革命**以降の、以下のような特定の内容とオリエンテーション（方向づけ）を有する規範を指す。これを「立憲的（近代的）意味の憲法」という。憲法というときは、普通、後者の意味で使っている。

憲法は、国家の組織や作用をのっぺりと定めた規範ではなく、ある意図をもって作られている。それは、人権保障。国家権力を縛り、拘束することによって、個人の自由を守るという目的である。巨大な統治権力に対して、「ここには踏み込むな」という聖域（サンクチュアリ）を文章の形で、あらかじめ明示しておく。そのことによって、個人・市民は国家からの自由を確保されるのである。

また、権力が1つに集中しすぎると、暴走したときにストップがかけられない。そこで、権力を分割し、相互に牽制しあう仕組みをデッサンしておく。危険分散は人間の知恵であり、権力分立（→㉙）は、まさにそうした知恵の応用といえよう。人権保障と権力分立は、**近代立憲主義**のエッセンスなのである。

ところで、憲法に基づく自由な政治には、信頼ではなく、猜疑心が必要である。これは、**アメリカ独立宣言**を起草したT・ジェファーソンの言葉である。「権力の問題においては、それゆえ、人に対する信頼に耳をかさず、憲法の鎖によって、非行をおこなわないように拘束する必要がある」（1798年ケンタッキー州議会決議）。権力への疑いの眼差し（懐疑）は、立憲主義の深部に沈殿し、さまざまに工夫され、制度設計に活かされている。

### ◆ 大統領3選禁止の意味──「人気があっても、任期でやめる」

その工夫の1つの例として、大統領の任期の制限がある。アメリカ合衆国の初代大統領G・ワシントンは、高い支持と人気で3選が可能だったにもかかわらず自らそれを断り、以後、大統領は再選までというのが慣行として定着した。憲法にも3選禁止規定が1951年に追加された（**合衆国憲法**修正22条）。かくして、大統領制をとる国の多くが、3選禁止規定をもつことになる（→㉜）。

なぜ、選挙に出れば確実に多数の支持を得られるという場合でも、再選が良くて、3選がダメな理由を合理的に説明するのは容易ではない。ただ、権力の長期化が政治腐敗につながるという経験知が背後にあることは確かである。

なお、無理に憲法を改正して3選を可能にしようとした大統領はけっこういる。ペルーのA・フジモリ元大統領もその1人だが、無理がたたって不幸な晩年を過ごした。ベラルーシでは、3選禁止規定を削除する改憲を国民投票により行い、A・ルカシェンコ独裁政権が延命している（2015年に5選）。ロシアのB・プーチンは、首相から大統領になって2期を終えたが、いったん再び首相になり、連続

---

● **近代市民革命**
たとえば、アメリカ独立革命、フランス革命は、「個人」の解放と「国家」への権力集中を追求し、両者の中間にある「団体」（教会・封建諸侯・自治都市など）を敵視した。また、こうした「団体」＝身分制社会に基づく絶対王制を（政治面で）、領主制土地所有を（経済面で）廃棄した。「中世」のイギリス革命と違うのは、17ではなく18世紀という時代の違いだけでなく、啓蒙思想・「近代」立憲主義に基づくことである。

● **（近代）立憲主義**
近代市民革命を通して確立した、権利保障と権力分立によって権力を制限しようとする原理。1789年フランス人権宣言（→➓）16条のような明文が憲法になくとも重要。身分的権利と身分代表議会の1215年マグナ・カルタ（→㊱）など中世立憲主義とは異なる。国民主権に基づく集権国家によって、身分制社会から個人を解放し、個人の人権保障と、国民代表議会を担い手とした権力分立のデザイン（以上、詳しくは樋口陽一の諸著作を参照）。

● **アメリカ独立宣言、合衆国憲法**
イギリスからの独立理由を主とする1776年7月4日に採択された宣言（その「生命、自由及び幸福追求」という言葉は日本国憲法13条に採用された）。独立した13州が起草し、承認を得て成立したのが、1788年合衆国憲法。修正という条文追加があるが、当初の条文はそのままで、世界最古の「立憲的意味」の成文憲法。

3選禁止の裏をかいて大統領に3度登板し、実権を握り続けている（2008年・2020年改憲で任期延長、2036年まで在任可能）。権力者が「人気があるので、任期を延ばせ」といいだすとき、立憲主義を踏み外す危険な一歩が始まる例として記憶されてよい。

## ◆ なぜなら憲法があるから…

憲法はその国の「皺（しわ）」が刻まれた顔である。国民の3分の1がポル・ポト政権によって殺されたカンボジアでは、1979年に同政権が崩壊し、1993年に憲法を制定したとき、そこに死刑廃止を盛り込んだ（32条）。なぜか。大量虐殺をやったポル・ポト派には、大量の死刑判決が予測された。だが、人々にとって、死はもう十分だった。再度、報復と憎しみが支配する国にしないためには、国家刑罰権から死刑という形態を奪っておく。国家の再建は死刑なしでやる。これがカンボジアの選んだ道である。このように、その国の憲法の背後には、それまでの失敗や反省を含めた国民的体験の皺がさまざまな形で重ねられているのである。

日本国憲法が、他国にないような徹底した平和主義を採用した背景にも、ヒロシマ・ナガサキの体験が沈殿している。核兵器を使った軍事力行使が、最終的に守るべき目的までも破壊してしまう。人類初の苛烈な体験の上に、憲法9条2項は生まれたわけである（→❼）。また、日本国憲法は、人権条項のうち3分の1にあたる10カ条を刑事手続上の権利にあてている（31〜40条）。この権利の周到な定め方には、特高警察による拷問など、警察が人身の自由を著しく侵害した経験を踏まえ、2度とそうしたことを繰り返させないという反省と決意が込められているといえよう（特にプリコミットメント→❷❻❷❼）。

なぜ、憲法は必要か。ここから見える答えの1つがある。人間は過ちをおかす存在である（これを防ぐのは刑法などの法律）。その人間が担い、動かす国家というものもまた、失敗する。その失敗の可能性を最小化し、失敗からの復元力を最大化しておくために、憲法は存在するということである。

---

歴代大統領のニセ札

ブッシュ200ドル紙幣は、2000年の大統領選直後につくられた。オバマ1ドル紙幣も2008年11月の大統領当選直後にオークションに出された。

なお、右側中段の像は、カンボジアの独裁者ポル・ポトである（プノンペンのS21ツールスレン収容所で撮影。2001年3月）。

アメリカ独立宣言・合衆国憲法のレプリカ

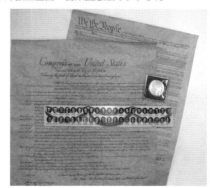

歴代合衆国大統領の肖像入りの定規とともに、米国のみやげもの屋で売られている。

# 2 憲法前文から読みとる

### ◆ 前文暗記で憲法教育？

ある日、地下鉄のなかで居眠りをしていると、何かお経のような響きが耳に伝わってきた。頭のなかでその言葉が明確な形をとった瞬間、ハッと目がさめた。私の前には、高校生が立っており、1人が憲法前文を懸命にそらんじていたのだ。2人の会話から、期末試験で憲法前文を書かされるらしい。前文を暗記させて、それで憲法教育をしたつもりになる。よくある、だが最も安易な手法だ。

生きた憲法教育とは、現実の政治や市民生活のなかで、憲法がどのように運用され、活かされているか（活かされていないか）をダイナミックに理解させていくことだと私は考えている。憲法前文についても、市民革命期の思想（→❶）との関連で調べたり、考えたりすれば、尽きることのない思索の宝庫となるだろう。憲法前文は翻訳調で、日本語として熟さない表現を含むことは、制定過程の経緯からして当然だろう。しかし、だからといって、憲法前文は単なる理念の宣明であって、法的には意味がないと考えていいだろうか。

### ◆ 前文の法的性格

憲法前文は単なる理念を謳うだけで、法的効力はないという説がある。これは支持できない。前文も本文の各条文と同様に法的性格をもち、それを改めるには、憲法96条の改正手続が必要となる（→㊴）。前文もまた、公権力を制約する法規範としての性格をもつことは当然である。

問題は、前文を根拠として、裁判所に訴訟を提起できるか。つまり、憲法前文の**裁判規範**性である。これについては議論が分かれる。

前文の内容は一般的・抽象的である。だから、前文には、憲法本文の各条文の解釈基準としての意味は認められるが、裁判所で直接適用されるのは各条文であって前文ではないとして、その裁判規範性を否定する学説も少なくない。

これに対して、一般性・抽象性という点からみれば、前文と各条文との違いは相対的なものであり、かつ、前文の内容が本文に具体化されているとしても、そのことは前文の裁判規範性を否定する根拠にはならないこと、そして、平和的生存権のように、前文だけに登場するものもあることなどから、前文の裁判規範性を認める学説もみられる。前文と本文とを完全に分離して、前文を単なる宣言文と解するのは妥当ではなく、具体的事件に応じて（とりわけ本文に根拠が欠ける場合などには）、前文の個別規定の内容がある程度特定できれば、それを実質的な判断基準とすることも排除されるべきではないだろう。

裁判所や当事者などが憲法前文に直接・間接に言及したケースは、500件以上ある。米軍駐留を「前文の趣旨に適合」との判断（砂川事件最高裁大法廷1959年12月16日判決）もあり、逆に、前文の裁判規範性の正面からの否定もある（百里基地訴訟水戸地裁1977年2月17日判決など）。他方、ニュアンスの違いこそあれ、前文の規定を、具体的事件において独立した判断基準としたケースもある。特に長沼ナイキミサイル基地訴訟札幌地裁判決（1973年9月7日）は、前文の裁判規範

---

➡ **前文**

憲法典や他の重要な法令で、第1条以下の本文の前に、制定理由・目的や基本原理・理念などが前文の形で宣言されることがある（→⓭㉓も）。日本国憲法前文は、第1文から、自由〔人権〕・平和主義・国民主権の基本原理を含んでいる。この「人類普遍の原理〔…〕に反する一切の憲法、法令及び詔勅を排除する」（第3、4文）は、後述の憲法改正限界と理解される（芦部信喜ら通説→㊴）。

➡ **裁判規範**

人間の社会生活での行為を規律する「行為（社会）規範」が、国家の法で効力を保障されると「法規範」となる。このなかでも裁判所による紛争解決の規準となるものだけが「裁判規範」と呼ばれる。「（憲法）規範」については序章。

性を積極的に承認したケースとして知られる。そこでは、前文の**平和的生存権**を根拠にして、原告の訴えの利益を正面から認め、自衛隊違憲判決を下した（→❸❸も）。イラク派遣違憲訴訟名古屋高裁判決（2008年4月17日）は、これを発展させ、前文の平和的生存権の裁判規範性を承認し、他国の武力行使と一体化する自衛隊イラク派遣を9条1項違反と判断した（→❼も）。

### ◆ 前文を変えるというけれど

2000年の国会の憲法調査会では、議員も参考人も前文について、かなり好きなことを語っている。「美しい日本語で、わかりやすい、格調のある表現で書いてもらいたい」（片山虎之助委員・同3月3日参院）、「あの醜悪な日本語を文章としても許すわけにいかない」（石原慎太郎参考人・同11月30日衆院）などと。前文に盛り込むべき内容として「日本のアイデンティティー」「誇り」「神道」「武士道」などの思いが語られた（憲法調査会での自民党各発言）。そして、2012年自民党憲法改正草案の前文では「固有の文化」「天皇を戴く国家」「国民は、国と郷土を誇りと気概を持って自ら守り」「和を尊び」「家族〔…〕が助け合って」「美しい国土」「活力ある経済活動」「良き伝統」などの文言が散りばめられている。それらは、国会の憲法審査会では「一言で言えば国柄」ともいわれる（保岡興治委員〔2015年に会長〕・2013年5月16日衆院）。

しかし、憲法は権力者の特定の価値観を書き込むものではない（伝統や国柄を前文に書く憲法は中国・韓国・北朝鮮など少ないことも、憲法審査会で指摘〔水島朝穂参考人・2015年3月4日参院〕）。国民の義務（→❷）や権力者の価値観は、立憲主義にそぐわない、逆転した発想ではないか。そもそも憲法とは、普遍的で多様な個人の権利・自由の保障を目的として、そのために権力を制限・抑制するところに存在意味がある。「権力にやさしい憲法」「国民みんなが守る最高法規」ではなく、「国民が権力に守らせる最高法規」なのである。前文はそうした「この憲法」（96、98条→❸❸）の一部といえる。

→ **平和的生存権（イラク派遣違憲訴訟名古屋高裁判決）**
前文、9条、13条などに基づき、「9条に違反する国の行為、すなわち戦争の遂行、武力の行使等や、戦争の準備行為等によって、個人の生命、自由が侵害され又は侵害の危機にさらされ、あるいは、現実的な戦争等による被害や恐怖にさらされるような場合、また、憲法9条に違反する戦争の遂行等への加担・協力を強制されるような場合には、平和的生存権の主として自由権的な態様の表れとして、裁判所に対し当該違憲行為の差止請求や損害賠償請求等の方法により救済を求めることができる場合がある〔…〕具体的権利性がある」。小林武『平和的生存権の弁証』〔日本評論社、2006〕、同「平和的生存権論の展開状況」愛大法経論集197号〔2013〕なども参照。

イラク派遣違憲訴訟名古屋高裁判決

航空自衛隊の空輸活動が憲法9条1項が禁止する武力の行使にあたるとして、違憲とされた。注目すべき判決である（『朝日新聞』『読売新聞』『東京新聞』2008年4月18日）。

『憲法調査会報告書』

衆参両院の『憲法調査会報告書』（2005年4月）。衆院は683頁。参院は条文を含めて298頁。別冊として『発言要約一覧』が付いている。衆院は「おおむね共通認識」「すう勢である意見」「意見が分かれたもの」という形で意見分布に力点を置こうとしたのに対して、参院は完全な両論併記にした。前文についての意見も紹介されている。

# 3 憲法は誰が守る？

### ◆「憲法村長擁護義務」

　沖縄県中部の読谷村役場は、米軍読谷補助飛行場のなかにある。山内徳信村長（当時）を先頭にした村民の粘り強い運動の結果、1997年3月に完成した。米海兵隊司令官との膝詰めの交渉をはじめ、あらゆる手段を駆使した「自治体外交」の成果である（→㊲、詳しくは、山内徳信・水島朝穂『沖縄・読谷村の挑戦——米軍基地内に役場をつくった』〔岩波ブックレット、1997〕参照）。

　読谷村役場の村長室には、山内氏直筆の掛け軸が2本、いまもかかっている。憲法9条と99条の条文である。当時、彼は筆者に、「憲法99条は、憲法を守らない可能性がある者を縛るためにある。村長であるわたくしも〔…〕当然入る。これは自分への戒めでもあります」と語った。筆者は、「憲法を村長が擁護する義務ですね」と応じた。なお、山内氏は、任期半ばで、大田昌秀沖縄県知事（当時）により県出納長に任命され、村長を辞任。普天間基地移設をめぐり、県を代表して米軍や橋本内閣（当時）との交渉の先頭に立った。その後、参議院議員として国会を中心に活動した。

### ◆ 一般国民ではなく公務員すべての憲法尊重擁護義務

　村長だけでなく、すべての**公務員**には、憲法尊重擁護義務が課せられている。これに関する規定は、憲法第10章「最高法規」の章にある（→㊳）。この章は、基本的人権の本質（97条）、憲法の最高法規性（98条）、憲法尊重擁護義務（99条）の3カ条からなる。この義務は、憲法の最高法規性を確保するために、象徴たる天皇から、国政担当者を含むすべての公務員に対して、一般国民にはない憲法への拘束を要求する。なぜ、義務の対象を表す文言を「すべての公務員は」というだけにしなかったのか。列挙された5つの職は、天皇・摂政と三権（立法、行政、司法）を構成するそれぞれの担い手であって（→❻／第Ⅲ部）、それをあえて具体的に列挙することにより、（山内氏のいう）「憲法を守らない可能性がある者」に注意を喚起しようとしたものといえる。天皇については、もともと政治的権能を有しないから（4条1項）、だめ押し的な確認の意味をもつ。

　「尊重義務」ではなく、「尊重擁護義務」になっていることから、単に憲法を守るだけでなく、憲法違反行為の防止から、違反行為が現実に発生した場合における抵抗、さらには憲法の規範力の回復に至る積極的努力義務も含まれる。ただ、この義務は（→㉔も）「倫理的・道徳的性質」のもので、賠償責任、刑事罰や処分・弾劾に直ちに連動しないとされる（条文は「保護義務」ではない）。

　では、現行憲法の廃棄や破棄を主張することは許されるか。一般国民ならば、表現の自由の範囲内にある（→⓲）。だが、**国務大臣**がそのような主張をした場合はどうか。96条の改正手続以外の方法で憲法の変更を求める主張、あるいは憲法改正の限界を超える改憲主張は、この義務に抵触すると考えられる（→㊴）。また、憲法改正の発議は国会だけが行うことができる。つまり、改正の発案権は国会議員だけにあるという説をとれば、国務大臣の資格で憲法改正を主張するこ

➡ **公務員**
　憲法99条のように広くは、立法・行政・司法を問わず、公務に従事するすべての者。狭くは、国会議員や地方議会議員を除いた者。種類は、地方公務員と国家公務員（一般職と〔大臣や裁判官など〕特別職）。勤務形態を問わない。

➡ **国務大臣**
　広くは、内閣総理大臣を含む全ての内閣のメンバー（99条など）。狭くは、総理大臣を除く閣僚（7条5号、68、74、75条など）。より狭くは、総理大臣と各省大臣を除く（無任所）大臣。

とはできないことになろう。

なお、公務員になれない者を定める欠格条項に、「日本国憲法〔…〕を暴力で破壊することを主張する」（国家公務員法38条5号、地方公務員法16条5号）という表現があることに注意したい。

### ◆ 国民の憲法忠誠がない意味

2012年自民党憲法改正草案は「全て国民」の憲法尊重義務を加えようとする（天皇・摂政の義務を削除する）。また、1994・2004年読売新聞社憲法改正試案は、憲法99条を丸ごと削除し、前文に「国民」の憲法遵守義務を加えようとする。本来、憲法によって拘束される者たちの義務を薄めて、国民に憲法への忠誠を求めるのは筋違いだろう。個人の権利を保障し、国家の権力を制限する立憲主義（→❶）からしても、「逆立ちした発想」である。

憲法忠誠を鮮明にしたのは**ドイツ連邦共和国基本法**である。基本法は、ヴァイマル共和制崩壊とナチズムの体験、冷戦と東西分裂という状況を踏まえて、両翼の全体主義（ナチズムと共産主義）を「自由の敵」として排除する「**たたかう民主制**」を採用した。連邦憲法裁判所によって「自由の敵」とされた者の基本権喪失や政党禁止などの条項がその具体化である。この「たたかう民主制」は憲法への国民の拘束をより強く要求する。それは、「国民不信」の構造に根ざしている。A・ヒトラーのような独裁者を選ぶのも国民であることから、そうした独裁者を生み出しやすい国民投票を排除し、「自由な民主的基本秩序」を危うくする政党や結社を禁止するわけである。だが、この仕組みは、守るべき自由と民主制（→❺）を損ないかねない「危なさ」を常にはらんでいる。国民に対して過度の憲法忠誠を要求することの「息苦しさ」も無視できない。

日本国憲法は、国民に、憲法忠誠ではなく「自由・権利保持の義務」のみを要求する（12条）。これは国民に対して、自由と権利に対する自覚と緊張感を求めたものである。それゆえに、国民には、日常生活を通じた「普段の努力」と、たゆまぬ「不断の努力」が期待されている。

➡ **ドイツ連邦共和国基本法**（以下、基本法）
1949年5月23日に公布、24日に施行された（西）ドイツの現行憲法典にあたる（→❹も）。ナチズム体験から1条に「人間の尊厳」を掲げる。基本権の保障が続き、20条は、権力分立に基づく民主的・社会的な連邦国家の諸原理を定める。

➡ **たたかう民主制**
自由と民主制を用いて「自由な民主的基本秩序」を害する者には憲法上の自由はないとする考え。自由な「個人」でなく「人間」の尊厳の共同体的価値観と通ずる。なお、討議・論争や戦争の意味での「戦う」ではない。例は本文→❷❸も。

山内徳信氏直筆の掛け軸

沖縄県読谷村の村役場2階の村長室にかかっている。憲法9条のものが向かい側の壁にある。

ケーニヒ博物館の碑

1948-49年、ボンで基本法制定議会代表会議が開かれた。その会場は、動物学の博物館である。写真は館内の基本法制定記念碑（60周年の2009年に撮影。→❹の写真に続く）。

# 4 憲法の補則から見えるもの

18歳からはじめる憲法

### ◆ 憲法のトリビア話

　日本国憲法は103カ条あり、全11章の編成である。最も条文数の多い章は、第3章「国民の権利及び義務」。31カ条ある。これに対して、たった1つの条文で章を構成しているのが、第2章「戦争の放棄」である。巷には「九条の会」というものがある。対して国会は憲法改正を主張する政党が多く、あたかも「九章の会」のようである。憲法第9章も1カ条で章を構成している。章題は「改正」、96条（憲法改正手続→㊴）である。同条改正に対する「96条の会」もあらわれた。ここでは憲法の最終章、すなわち第11章「補則」をめぐる問題をみておこう。

### ◆ 日本国憲法第11章

　法令は、その形式から「本則」と「附則」に区別される。附則とは、本則に伴って生ずる付随的事柄に関する規定であり、**経過措置**や本則の例外措置などが定められている。「補則」は、当該法令の他の章を補完する事柄に関する章の表題として使われ（公職選挙法第17章など）、最近はあまり見られない。日本国憲法は、附則で定める事項を補則という形で規定している。

　第11章「補則」は、4カ条からなる。まず、憲法の施行期日とその準備のための手続を定めた100条。1946年11月3日が公布日で、施行日は翌年5月3日となり、これが「憲法記念日」として「国民の祝日」になっている。次いで、憲法施行時に参議院が存在しない場合、衆議院を「国会」（→㉙）とする101条。これは最初の参議院選挙が憲法施行の13日前に行われたため、出番はなくなった。さらに、第1期の参議院議員の任期を3年とする102条。最後に、憲法施行時に現に公務員（→❸）である者の地位に関する103条である。

　この4カ条の賞味期限は短く、いまこれを論ずる実益は一見ないようにみえる。そのなかで、「憲法トリビア」的に面白いのは102条だろう。

　**貴族院**が廃止されて、民選の参議院となったが、その議員の任期は6年で、3年ごとに半数改選となる（46条）。だから、参議院の立ち上げ時に、議員の半数が任期3年でないと、この仕組みがまわっていかない。国会議員は、トップ当選であろうが、最下位だろうが、いったん当選すれば「全国民の代表」である（43条）。だから、一定数の議員の任期を半分にするために、憲法上の例外措置を必要としたわけである。102条は、任期3年の決め方の具体的指示はしておらず、すべて法律に委ねている。そこで、公職選挙法とは別個に、参議院議員選挙法が制定された（1947年2月24日施行）。それによると、地方区と全国区（当時）で当選した議員の得票数上位半分までを任期6年、それ以下を3年とした。後者の議員は、3年後の1950年6月の参議院選挙で改選され、102条はその歴史的使命を終えた。それ以降、第11章「補則」は注目されることはあまりない。だが、それと比べて、ドイツの場合は違う。

---

➡ **経過措置**

　一般には、法令の制定・改正・廃止に際して生ずる、旧法と新法の適用にかかわる混乱などを整理するための措置。日本国憲法補則から、大日本帝国憲法の改正または廃止、制憲史を読んでみることもおすすめする（古関彰一『日本国憲法の誕生［増補改訂版］』〔岩波現代文庫、2017〕など）。単純な「押しつけ憲法」ではないことも見えてくる。

➡ **貴族院**

　1889年大日本帝国憲法（34条）の下の帝国議会の上院（同憲法施行日1890年11月29日から現憲法施行日前日まで）。議員は、皇族・華族・勅任議員（勅撰議員、多額納税議員、1925年以降の帝国学士院会員議員）。憲法附属法の貴族院令に基づき、その改正には貴族院の議決が必要だった。

## ◆ ドイツ基本法第 11 章

　ドイツ基本法は 146 カ条ある（枝番を入れて 191 カ条）。第 11 章「経過規定及び終末規定」（日本国憲法の補則にあたる）は、枝番を入れて 41 カ条もある。

　ドイツの実質的な憲法典は、1990 年ドイツ再統一までは「**ボン基本法**」と呼ばれていた。ドイツは、冷戦の間、40 年以上も分断国家の状態が続いた。統一までの暫定的なものという含意で、「憲法」（Verfassung）ではなく、「基本法」（Grundgesetz）という呼び名が使われた。

　第 11 章、その最終条文たる 146 条（1990 年改正前）にはこう定められていた。「この基本法は、ドイツ国民が自由な決断で議決した憲法が施行される日に、その効力を失う」と。統一過程では、同条に基づき、新憲法の制定を行って統一するコースと、基本法の旧 23 条（連邦への州の編入）に基づき、西の諸州に、東の 5 州が編入されるコースの 2 つが存在した。実際には後者の道がとられた。

　ドイツ統一条約（1990 年 8 月）4 条は、上記の旧 23 条の削除（1992 年に EU のための原則規定として復活）と、前文や 146 条などの改正内容を具体的に定めていた。これに沿って基本法改正が行われ、次のようになった。「この基本法は、ドイツの統一と自由の達成後は全ドイツ国民に対して通用するが、ドイツ国民が自由な決断で議決した憲法が施行される日に、その効力を失う」。

　ドイツ統一が、西への東の吸収（編入）というコースを辿ったため、改正 146 条は、「ボン基本法」が東西ドイツの基本法であることを確認するとともに、「憲法」（Verfassung）の制定までの間の、新たな「暫定性」を再確認することになった。「さしあたり」（旧 23 条にある言葉）西側占領地区の諸州にのみ適用される「暫定憲法」として出発した基本法は、1990 年に、実質的な、統一ドイツの憲法となったのである。まさに「永遠の暫定性」である。

　「ボンなくして、ベルリンなし」。連邦議会がベルリンに移転する 99 年、旧東出身の議長がボン市民に感謝する集会でこう演説する場に立ち会った。ドイツの場合、憲法の補則には、ドイツ統一に関連した熱い想いがこもっている。

### ➡ ボン基本法

　ドイツ連邦共和国基本法（→❸）の通称。1849 年フランクフルト憲法、1919 年ヴァイマル憲法のように、制定された都市の名前をとって呼ぶことがある。1949 年、ボンは、小都市だが旧西ドイツの暫定首都となった。そして、1989 年ベルリンの壁崩壊に象徴される米ソ冷戦の終焉により、翌年再統一後、首都はベルリンに帰る（首都機能移転は 1999 年：以上、5 つの 9 年→❿）。なお、基本法前文でも「過渡期についての国家生活に新たな秩序を与えるために」と、暫定性が確認されていた（90 年改正前）。

---

ケーニヒ博物館の旧会議場

基本法制定記念碑（→❸の写真）から館内の奥へ進むと見える光の間。そこで、1948 – 49 年、基本法制定会議代表会議は開かれ、77 名の州議会代表メンバーが集まった。それ以前とその後は、動物の剥製が立ち並ぶ（60 周年の 2009 年に撮影）。

憲法施行 1 周年のマッカーサー声明

「東亜に不落の民主主義」と権利の防衛を通じて、国民にこの大憲章を守れと呼びかけている。格調高い名調子で、憲法施行 1 年という時点での初々しさがただよう（『朝日新聞』1948 年 5 月 3 日）。声明の直後から「逆コース」が始まる。

# 5 国民主権と18歳選挙権
## あなたがこの国の主人公だというけれど

### ◆ 主権とは何か

「あなたがこの国の主人公(主権者)だ」といわれても、「あなた」とは誰かにより、また「主人公」という言葉の中身によって、話はだいぶ変わってくる。「主権者国民のために働きます」といって、選挙のときだけ不自然なまでに頭を下げる政治家たち。「主権」という言葉は、小学校高学年の社会科教科書にも登場する。「主権」は当然の前提のように扱われているけれども、思ったほどにそれは自明ではない。

まず、「主権」には、大きく分けて３つの意味がある。第１に、国家権力そのもの（国家の統治権）を指す場合。これはポツダム宣言８項の「日本国ノ主権ハ本州、北海道〔…〕ニ局限セラルヘシ」というときの「主権」である。第２に、国家権力の最高独立性（対外的独立性）を指す場合がある。憲法前文３段に「〔…〕自国の主権を維持し、他国と対等関係に立たうとする各国の責務〔…〕」という下りがあるが、この場合の「主権」がそれで、国家主権といわれるものである。第３に、「国の政治のあり方を最終的に決める力または権威」を意味する場合である。それが世襲君主の手にあれば「君主主権」となり、「国民」にあれば「国民主権」となる。日本国憲法では、「ここに主権が国民に存することを宣言し」という前文１段や、１条の「主権の存する日本国民の総意」というときが、それにあたる。ここでは第３の意味が重要となる。

憲法施行の３カ月後に、当時の文部省が中学１年生用社会科教科書として出した『あたらしい憲法のはなし』（1947年８月）には、国民主権についてこんな説明がある。

「国では、だれが『いちばんえらい』といえるでしょう。もし国の仕事が、ひとりで考えてきまるならば、そのひとりが、いちばんえらいといわなければなりません。もしおおぜいの考えできまるなら、そのおおぜいが、みないちばんえらいことになります。もし国民ぜんたいの考えできまるならば、国民ぜんたいが、いちばんえらいのです。こんどの憲法は、民主主義の憲法ですから、国民ぜんたいの考えで国を治めてゆきます。そうすると、国民ぜんたいがいちばん、えらいといわなければなりません。

国を治めてゆく力のことを『主権』といいますが、この力が国民ぜんたいにあれば、これを『主権は国民にある』といいます。こんどの憲法は、いま申しましたように、民主主義を根本の考えとしていますから、主権は、とうぜん日本国民にあるわけです。そこで前文の中にも、また憲法の第一条にも、『主権が国民に存する』とはっきりかいてあるのです。主権が国民にあることを、『主権在民』といいます。あたらしい憲法は、主権在民という考えでできていますから、主権在民主義の憲法であるということになるのです」（現代かなづかいに改めた）

実にわかりやすい説明だが、「憲法は国民が守るものだ」という趣旨の記述が至る所にあって、権力者を拘束・制限するという立憲主義の視点が欠落している（→❸、水島朝穂『はじめての憲法教室』〔集英社新書、2013〕参照）。その教科書が配布

される2年前には、この国は「万世一系ノ天皇」(大日本帝国憲法1条)が「いちばんえらい」と教え込まれていた。「えらい」とされるものが突然変わったわけだが、その説明は「**民主主義**の憲法ですから〔…〕」ということで簡単にすまされている。新たに「えらい」とされた「国民ぜんたい」がもしも間違ったら、という視点はそこにはない。「主権在民」といっても、実は「民」もいろいろなのである。フランスのように、「主権」をめぐる激しい対立と論争を経験した国では、誰の(whose)「主権」なのかが重要な争点となったことを知る必要がある。

### ◆ 主権における Whose?

そもそも「主権在民」という言葉からして要注意である。まず、「主権は○○に在り」いう場合、「在り」ということの意味は、権力が具体的に帰属するという「権力的契機」と、権力行使を正当づけるという「正当性の契機」との2つの面がある。また、「民」についても事柄は単純ではない。

18世紀の近代市民革命期において(→❶)、君主主権の支配を倒したあと、その後に生まれた体制をどう正当化するか。特にフランスでは激しい対立が生まれた。大きく2つの考え方が対峙した。「国民(ナシオン〔nation〕)主権」と「人民(プープル〔peuple〕)主権」である。前者の「国民主権」は、主権が国籍保持者の総体たる「国民」に在りとするもの。「国民」は抽象的存在で直接に権力を行使できないから、必然的にその代表者が行使することになる。そこで、国民主権は国民代表制と不可分に結びつくとされる。後者の「人民主権」は、主権が政治的意思決定能力のある者の総体たる「人民」に在り、とするもの。「人民」は具体的に権力を行使する主体と把握されるから、直接民主制と結びつくとされる。

少々ややこしい議論だが、そこには、革命後の権力をめぐる生々しい事情が反映していた。つまり、革命で実権を握った上層資本家(ブルジョワ)は、下層資本家や民衆をも含めた支配の正当性を示そうとしたが、他方、必要以上に民衆が直接に政治参加してくることに危機感を抱いた。そこで、代表を選ぶ過程に財産資格などで制限できる説明を必要とした。「国民(ナシオン)主権」がそのために

➡ **民主主義・民主制・民主政**

Democracyの語源は「民衆」(demos)による「支配」(kratia)。広くは、民意に基づく統治。アメリカ大衆的にいえば、A・リンカーンの言葉「peopleの、peopleによる、peopleのための政治」。フランスやドイツの思想でいえば、J・J・ルソーの『社会契約論』〔1762〕のいう「支配者と被支配者との同一性」(完全な同一性ではないが、C・シュミットの『現代議会主義の精神史的状況』〔1923〕や『憲法〔理〕論』〔1928〕17章も〔訳書複数〕)。

その理解は大きく2つある。①中身のない入れ物、もっぱら決め方(形式)としての理解と、②中身の詰まった入れ物、実現されるべき内実価値(内容)を含めた理解である。②によれば、人権保障・法の支配など内実が不可欠で「立憲民主主義」といわれることも多い。逆に①によれば、単なる多数決の方式とみえるが、あえて「民主主義」と「自由主義(立憲主義)」とを切り離すことで、「民主主義」の強調だけでは、個人の権利・自由が危うくなるという緊張関係が明確にできる。なお、「たたかう民主制」は→❸。

明治時代の投票所入場券

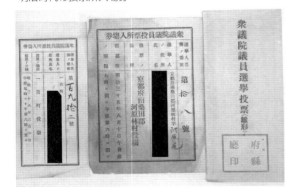

第7回総選挙(1902年8月10日)の投票所入場券。有権者総数は、直接国税10円以上を納める満25歳以上の男子で、98万2868人。人口の2.18%。投票率は88.39%だったので棄権したのは11万4100人。これはそのうちの1人のものである。なお、この回に初めて秘密投票が導入された。

現在の投票所入場整理券

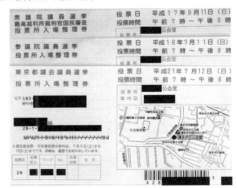

近年の投票所入場券。なお、投票記載台で投票用紙に記入する姿は、日本では全身丸見えである。手の動きも立会人や選管職員から見えるし、隣の投票者の手元をのぞくこともできる。世界の国々(北朝鮮でさえ)では、投票記載台にカーテンや目隠しが施されているのが一般的である。日本の投票記載台には問題がある(水島朝穂「直言」2009年8月27日をウェブで検索・参照)。

有効だった。これに対して、「人民（プープル）主権」を掲げる憲法（1793年ジャコバン憲法）も登場して、民衆の直接参加への道を示したが、結局、「国民主権」を採用した1791年憲法が定着していく。

「国民主権」は、代表者と選挙民との関係が自由委任（命令的委任の禁止）とされ、選挙民から独立した表決の自由が認められる「純粋代表制」と結びつく。だが、歴史の展開のなかで、たとえば、フランスでは1848年に普通選挙制（男子について）が再確立し、議員と選挙民の意思の一致を求める「半代表制」の傾きを強める。ここに、歴史の面白さがある。各国の憲法は、「国民主権」を掲げつつも、普通選挙制の実現や、国民投票など直接民主制的要素の導入など、「半代表制」から「半直接制」への傾きをもったものも登場する。日本国憲法もその1つである。

### ◆ 日本国憲法の代表制

前文には、「代表者」という言葉が2回出てくる。「日本国民は、正当に選挙された国会における代表者を通じて行動し〔…〕」「その権力は国民の代表者がこれを行使し〔…〕」と。国政を最終的に決定するありかが「国民に存する」としても、その権力行使は「代表者を通じて」行う仕組みがとられている。具体的には、国会を「国権の最高機関」「国の唯一の立法機関」と定め（41条）、その国会の2つの院は「全国民を代表する選挙された議員」により組織されるとしている（43条1項）。国会議員は、いったん選挙されると、選挙区や選挙民の委任に拘束されない。「院外で責任を問はれない」という形で、憲法は国会議員に「免責特権」を保障している（51条）（→㉙㉚㉜）。

同時に、憲法は、議員など公務員を選び辞めさせることを「国民固有の権利」として保障するとともに（15条1項）、「普通選挙」を明文で要求している（15条3項）。また、憲法改正の国民投票（96条→㉟）や地方自治特別法の住民投票（95条→㊲）、最高裁裁判官の国民審査（79条）といった直接民主制的要素も採用している。このことから、日本国憲法を「半代表制」や「半直接制」的性格のものと捉える見解も有力である。

どのような代表制をとるにしても、代表を選ぶ主体（選挙民、有権者）の範囲をどのように決めるかはきわめて重要である。憲法は、国民代表を選ぶ者（選挙人）の「資格」をどうするかについて具体的に決めずに、法律に委ねている（44条）。だが、選挙人の資格について差別してはならないこと強調するため、差別原因を細かく列挙した（44条但書）。人種、信条、性別、社会的身分または門地という、14条で列挙された5つの差別原因をわざわざ繰り返した上に、「教育、財産又は収入」という3つを新たに挙げている。これは重要である（→⑭㉘）。

日本で最初の衆議院選挙（1890年）は、直接国税15円以上を納める満25歳以上の男子のみだった。有権者は45万人。人口の1.13％にすぎなかった。憲法44条但書が財産・収入による差別を禁止した背景には、このような制限選挙・不平等選挙の歴史的経験がある。

前述した「政治的意思決定能力のある者」に、未成年者は含まれない。では、この年齢による制限をどう考えたらよいか。

憲法は「成年者による普通選挙を保障」とだけ定め（15条3項）、年齢については直接言及していない。法律は、2015年まで、国会議員については「日本国民で年齢満二十年以上の者」と定めていた（公職選挙法9条）。地方公共団体の長・議員の選挙でも同様だった（地方自治法18条）。では、18、19歳は選挙権を「奪われていた」のか。これは「年齢による差別」にあたるのだろうか。

---

国民国家の枠組では国民主権で完結的に説明できるが、グローバルとローカルな場の民意も今日問題となる（→㉘㊲）。また、単なる「投票民主政」ではなく「熟議民主政」も重要となる。そして、「間接（代表）民主制」に対し、「直接民主制」（本文）の論点もある。さらに、「参加民主政」も注目される。たとえば、パブリック・コメントなど市民参加や、デモ（集会の自由）〔憲法21条〕。

なお、イデオロギーや社会のエートスの意味での「民主主義」（Democratism）ではなく、国制・国政の意味で「民主制・民主政」と区別できる。

選挙権を含む参政権については→㉘。特集「18歳」自治実務セミナー640号（2015）では戸波江二「憲法と選挙権、そして18歳選挙権」などがある。

## ◆ 18歳が18歳選挙権に消極的？

　世界189カ国の国・地域のうち、176カ国（約93％）が18歳に選挙権がある（→❻）。日本の18、19歳は、2015年6月の公職選挙法改正によって、ようやく「選挙ロスジェネ」を脱することになった。選挙権年齢が変更されるのは、25歳以上から20歳以上に引き下げた1945年以来、実に70年ぶりのことである。

　ただ、このやり方には問題がある。もともと憲法は「成年者による普通選挙」と定めている。「成年」をいくつにするかは法律で決めることになる。民法4条は20歳と定めている。飲酒（未成年者飲酒禁止法1条）と喫煙（未成年者喫煙禁止法1条）はよく知られている。他方、婚姻が可能な年齢は男性18歳、女性16歳と決められている（民法731条→㉑）。結婚して家庭生活を営むことが可能な18歳の若者が、長らく選挙権をもたなかったのである。本来、民法改正も同時にやって、「成年」を18歳とすべきだった。

　もっとも、とうの18歳を含めて、多くの国民が民法改正で「成年」を18歳とすることに消極的だった。『朝日新聞』の全国世論調査（2015年3月17日付）で、選挙権を18歳に引き下げることの賛否を聞いたところ、「賛成」48％、「反対」39％という数字だった。民法の成人年齢を18歳にすることについては、「賛成」43％、「反対」44％と、賛否がほぼ並んだ。2008年に同じ質問をした時には、18歳選挙権について「賛成」38％、「反対」57％、成人年齢引き下げについて「賛成」37％、「反対」56％だったことを考えれば、少しずつ賛成が増えているようである。他の調査（下記）も鑑みると、18歳選挙権について若い世代にも変化がみられる。近年、20歳代の投票率は低かったが、18歳の今後の動向が注目される。

　2007年の憲法改正手続法（国民投票法→㊴）が投票年齢を18歳と定め、2015年の公職選挙法改正で18歳選挙権が導入された。18、19歳の約240万人が有権者となった。この「新たな有権者」は、政治を動かす力になれるだろうか。「上から与えられた」選挙に仕方なく向きあうのではなく、自ら「権利のための主張」（他の権利を実現するための選挙権の行使）が期待される。

ドイツ連邦議会、ボンからベルリンへ

1999年7月1日、ボンの連邦議会に市民が招待され「民主主義の祭」が行われた。議場に市民が入り、コンサートなどが行われた。議会はその翌月にベルリンに移った。

ベルリンの新連邦議会議事堂のドームは透明感を強調。夜10時までドーム内から議場をのぞくことができる。

18・19歳の意識調査

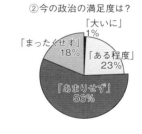

①次の選挙に投票に行くか？
「必ず行く」22％　「行くつもり」38％　「行くかわからない」30％　「行かない」9％

②今の政治の満足度は？
「大いに」1％　「ある程度」23％　「あまりせず」56％　「まったくせず」18％

③憲法9条は？
「改正必要」16％　「改正必要ない」57％　「どちらともいえず」26％

NHKの18・19歳3000人の郵送世論調査（2015年末調査、上記の①は2016年元日19時、②③は翌日早朝4時に放送）。

この回答率は約60％と高くはない（受験前だったためか）が、関心は高まっているといえる。

また、公益財団法人「明るい選挙推進協会」のインターネット調査などもある。

# 6 象徴天皇制、その無意味の有意味

### ◆ 象徴天皇制がモデルに

1993年カンボジア憲法の起草にかかわったサイ・ボリー元カンボジア弁護士会長は、起草の過程で、天皇を国民統合の象徴とする日本国憲法を参考にしたという内幕を明らかにした（共同通信2003年8月22日）。カンボジア憲法1条には、「国王は国民統合の象徴」とある。カンボジア王国は、1970年にロン・ノル将軍のクーデターで「クメール共和国」となり、1975〜1979年のポル・ポト政権下では「民主カンプチア」となった。この間、カンボジアは内戦と虐殺の不幸な時代を体験した。その後、国連の暫定統治（UNTAC）を経て、1993年、**立憲君主制**が採用された。カンボジア現代史は、共和制を採用することが、それだけでは必ずしも国民の幸福につながるわけではないという逆説を示唆している。たくさんの犠牲の上にカンボジアが穏健な立憲君主制に辿り着いた時、その憲法が、日本国憲法の象徴天皇制をモデルにしたという事実は、いろいろな意味で興味深い。

### ◆ 現人神から「象徴」へ

1889年大日本帝国憲法における天皇の地位は「万世一系」に無限遡及され、「現人神」たる天皇が統治大権と統帥大権を軸に、強大な権力を与えられていた。

戦後、GHQのD・マッカーサー元帥は、天皇制を完全無害化することで、天皇に対する戦犯追及を免れさせようとした。天皇の非政治化・非宗教化・非軍事化は、天皇を「シンボル」に純化し、憲法の厳格な制約の下に置くとともに、**皇室典範**を「普通の法律」にし、さらに憲法9条（**統帥権**の完全否認）を組み合わせることで完成した。もともと戦前の「現人神」と同一人物を「象徴」にしたところに、この憲法の妥協的性格があらわれている。当時、冷戦はすでに始まっており、日本単独占領を狙う米国からすれば、日本を安定的に統治する上で、天皇の利用価値は高かった。日本の支配勢力にとっても、この妥協は不可避だった。

日本国憲法は、君主制の定番である世襲を採用する（2条）。これは「社会的身分又は門地」のみに基づく特権的制度であり、平等原則（→⓮）違反であることは明らかだったが、天皇の地位継承に限り、憲法上の例外として認められた。天皇制は、国民主権（→❺）の憲法の枠内に周到にリセットされたのである。

### ◆ リセットの仕掛け

天皇制を憲法の枠内にリセットする仕掛けは4つの柱からなる。

第1に、天皇の地位を「主権の存する国民の総意」に委ねたことである（1条）。天皇の地位は憲法改正の対象となり、それを改廃することができる。絶対主義的天皇制「復活」は、憲法前文が「われらは、これ〔国民主権などの『人類普遍の原理』〕に反する一切の憲法〔…〕を排除する」と宣言しているので許されない。

第2に、前述した世襲制である。日本国憲法2条は大日本帝国憲法と異なり、「国会の議決した皇室典範の定めるところにより」として、皇室典範を一般の法律と同じランクに置いた。また、帝国憲法は「皇男子孫之ヲ継承ス」と定め、男性天

---

➡ **立憲君主制**

「君主」とは、①世襲の機関で、②統治権を名目的であれ有し、③対外的に国民を代表する者とされてきた。日本国憲法下の天皇は特に②がない。君主の権力が憲法によって制限される統治形態を「立憲君主制」という。典型例はイギリス。

これに対し、19世紀プロイセンは、君主が、神聖不可侵で、立法裁可権・議会解散権・行政権を握り、君主の名の下に司法権があったため、絶対君主制のような外見的立憲主義だった。これを手本にした大日本帝国憲法もさらに外見的であった（見かけだけで近代立憲主義→❶は乏しかった）。

➡ **皇室典範**

皇位の継承、摂政の就任などを定めた法律。大日本帝国憲法と並ぶ最高規範として同年制定された旧皇室典範は、憲法を頂点とする政務法と区別される宮務法の頂点の法で、天皇が定め、議会の関与ができなかった（皇室自律主義）。しかし、現憲法下では本文の通り。

➡ **統帥権**

一般国務大権や軍政大権と異なる、軍隊の最高指揮命令権（帷幄大権、軍令大権とも）。国務大臣（→❸）が輔弼（助言など）できない、その独立が問題となった。19世紀ドイツの迅速性・専門性ゆえの兵政分離を建前としたが、政党排除に狙いがあった大日本帝国憲法下では軍政大権との区別が曖昧で（11、12条）、軍は「統帥権干犯」を非難して独走した。

皇を憲法上要求していたが、日本国憲法は「世襲のものであつて」とだけ定め、すべて皇室典範に委ねている。皇室典範は法律であって、国会の単純過半数で改正可能だから、世襲の形態や内容を変更することもできる。皇室典範は、「男系・男子・長子」原則を戦前から引き継いでいるが、将来的にこれを改めて、女性天皇にすることなどの可能性に開かれている。

　第3に、徹底した非政治性と宗教的中立性である。憲法は、天皇の行為を「この憲法の定める国事に関する行為のみ」に限定し、国政との関係を切断した（4条）。「のみ」という強い表現によって、天皇の行為は、首相と最高裁長官の任命行為（6条）、限定列挙された10個の国事行為（7条）、それらの行為の委任（4条2項）の計13個に限られる。純粋な私的行為を除き、天皇の行為には「内閣の助言と承認」が必要となり、責任は内閣が負う（3条）。また、政教分離原則により、宗教性（帝国憲法下の祭祀大権）が否定され、宗教的中立性が徹底された（→❶）。

　第4に、皇室財政全般が国会の統制に服するとともに（8、88条）、天皇・摂政にも、個別に憲法尊重擁護義務が課せられている（99条→❸）。かくして、象徴天皇制は、憲法の枠内でのみ存在しうるものにリセットされた。

### ◆ 象徴天皇制のゆくえ

　2016年8月8日、天皇はビデオメッセージ（「おことば」）の形で、「生前退位」（譲位）の意向を示した。そこでは「象徴」という言葉が繰り返し使われ、日本国憲法の下での象徴天皇を「守り続ける責任」や、「象徴天皇の務めが常に途切れることなく、安定的に続いていくこと」が強調されている。自民党「改憲草案」が打ち出す「天皇元首化」の方向とは明らかに距離がある。天皇は2019年4月30日をもって退位し、5月1日に新天皇が即位することが決まった。

　昭和天皇は20年間、大日本帝国憲法下の「大元帥陛下」だったわけだが、現天皇はその30年あまりの在位は100％日本国憲法の下での象徴天皇ということになる。つまり、現天皇の下で「純粋象徴天皇制」が完成したわけである。2019年には、その純粋象徴天皇制の初めての代替わりが行われる。

皇室を報じる号外

天皇皇族の動きをメディアは大きく伝える。出産という最もプライベートなことについても号外が出る。『朝日新聞』1958年11月27日号外、『読売新聞』2001年12月1日号外。

天皇制についての世論調査（『毎日新聞』1946年2月4日）

1　天皇制支持　2184（91％）
 (1) 現状のまま支持　381　（総数の）
 (2) 政治の圏外に去り民族の総家長、道義的中心として支持　1084
 (3) 君民一体の見地から政権を議会とともに共有する体制において支持　680
 (4) その他　36
2　天皇制反対　205（9％）
 (5) 共和制支持、すなわちアメリカの如く選挙による大統領制を支持　137
 (6) ソヴィエト制支持、すなわちソ連の如く公選された委員会において元首を選挙する体制を支持　64
 (7) その他　4

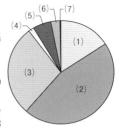

「天皇制支持」といっても、「政治の圏外」とか「議会とともに」という条件付の支持であり、大日本帝国憲法下の天皇制への逆走は望まれていないことに注目する必要がある。

# なぜ「9条」は必要なの？

## ◆ 憲法9条誕生の背後にあるもの

　憲法といえば「9条」。個別の条文というよりも、人々がそれぞれの思いをこめて語られる傾きがある。「私の9条」「9条改憲」「九条の会」等々。憲法の一条文としてみた場合でも、その知名度は抜群である。近年では「憲法9条にノーベル賞を」という運動まであらわれた。ここまで国民に浸透している条文も珍しいだろう。ただ、よく話題にされるわりには、その内容や意味について必ずしも十分に理解されているわけではない。

　第1項　日本国民は、正義と秩序を基調とする国際平和を誠実に希求し、国権の発動たる戦争と、武力による威嚇又は武力の行使は、国際紛争を解決する手段としては、永久にこれを放棄する。

　第2項　前項の目的を達するため、陸海空軍その他の戦力は、これを保持しない。国の交戦権は、これを認めない。

　ここには、多年にわたる「戦争と平和」をめぐる法的営みのエッセンスが凝縮している。そもそも憲法で戦争や平和について定めるとはどういうことなのか。戦争の開始や終結の権限が誰にあるか、あるいはその手続などを定めるのが一般的だったが、しだいに「戦争のかたち」を憲法で制約するようになってきた。古くは、1791年フランス憲法が、「フランス国民は征服の目的をもって、いかなる戦争をも行うことを放棄し、また、いかなる人民に対しても、武力を行使しない」と規定していた。

　20世紀に入り、第1次世界大戦は総力戦の様相を呈し、戦車・航空機・毒ガスの3点セットは「戦争のかたち」を一変させた。その結果、国際連盟規約（1919年）や **不戦条約**（1928年）を通じて、戦争は違法なものとして扱われるようになった。その影響を受け、1931年スペイン憲法や1935年フィリピン憲法などが、「国家の政策の手段としての戦争」を放棄する。だが、そこでは自衛戦争は放棄されていなかった。

　第2次世界大戦は戦争の悲惨さを「進化」させていった。そこでは、いずれの戦争当事者も「自存・自衛の戦争」を掲げた。そのため、国連憲章（1945年）は、「武力による威嚇又は武力の行使」を加盟国に一般的に禁止するとともに、自衛権のありようにも厳格な制約を加えたのである。1948年イタリア憲法や1949年ドイツ基本法などに平和条項が生まれるが、これらは「侵略戦争」だけを放棄するものだった。

　ところが、日本国憲法は違っていた。「自衛のための戦争」をも放棄する、「強い戦争放棄」の憲法といえる。第90回帝国議会議事録などをみれば、憲法制定過程では、自衛戦争をも放棄する傾きが確認できる。たとえば、1946年6月26日、衆議院で吉田茂首相が次のように述べている。

　「戦争放棄に関する本条の規定は、直接には自衛権を否定はして居りませぬが、第9条第2項に於て一切の軍備と国の交戦権を認めない結果、自衛権の発動としての戦争も、又交戦権も放棄したものであります」。吉田はこれに続いて、従来

→ **戦争抛棄ニ関スル条約（パリ不戦条約）**
　国際紛争解決のために戦争に訴えることを禁じ、かつ、国家の政策の手段としての戦争を放棄することを1条で宣言している。英米仏日独伊ソなど60ヵ国以上が署名した。すでに第2次大戦前の段階で、国際的潮流において侵略戦争は違法となった。先の大戦が日独による侵略戦争ならば、違法であるし、仮に（かつての日独の口実通り）自衛戦争というならば、9条を改正すれば再び先と同じ戦争が合法となってしまう可能性がある。侵略・自衛の区別の困難さ、関連して、「正戦論」「人道的介入」の問題もある（詳しくは最上敏樹の諸著作も）。

の戦争の多くが自衛権の名の下に戦われたとし、「満州事変しかり、大東亜戦争又しかりであります」と。

憲法9条2項は、陸軍・海軍・空軍という典型的な軍事組織だけでなく、「その他の戦力」という表現で、軍事機能を営む同種の組織の保持を周到に禁止している。その否定のトーンはきわめて強い。そして、交戦権（国際法上、交戦者となる資格）も無条件で否認することで、「軍事的なるもの」に対する徹底否定の姿勢を明確にしている。

この背景には、自衛という名のもとに数多くの戦争が行われてきた事実がある。その典型例であるアジア・太平洋戦争により、多大な犠牲と被害を国の内外にもたらしてしまったという反省があった。

そしてもう1つ大事なことがある。日本は、戦争という「手段」が守るべき「目的」をも破壊してしまう「初の核戦争」の当事者になった、という事実である。憲法制定過程の議論で注目されることは、「兵器の巨大な進歩」、とりわけ核兵器の登場を意識した発言が随所にみられる。たとえば、幣原喜重郎国務大臣は、「破壊的武器の進歩、発明」を戦争放棄の前提の議論とすべきことを説いている（貴族院1946年8月30日）。米占領下という事情から、正面から核兵器を使用した米国を非難することにならないような控え目な表現を使いながら、明らかに核兵器を意識した発言が続く。

このようにして、「ヒロシマ・ナガサキ」の体験は、憲法9条の誕生を根底で支えたのである。国連憲章が署名されたのは1945年6月26日だが、これは広島に原爆が投下される41日前だった。国連憲章は「通常兵器の時代」の産物といえる。日本国憲法は、「核時代」の幕開けに制定された。その第9条には、戦争「手段」の圧倒的破壊力が、達成すべき「目的」まで破壊してしまうというパラドックスを踏まえ、「手段」（軍・戦力）の徹底した無害化が盛り込まれたわけである。その結果、「軍」の存在そのものを否定する憲法が生まれた。9条2項こそ、日本国憲法の際立った特徴を示すものといえる（改正限界のアイデンティティ→㊴）。

・・・・・・・・・・・・・・・・・・・・・・・・・・・・・・・・・・・・・・

「法による平和」年表

| | |
|---|---|
| 1648年 | ウェストファリア講和条約（←30年戦争） |
| 1791年 | フランス憲法第6編（征服戦争放棄） |
| 1907年 | 陸戦ノ法規慣例ニ関スル条約（ハーグ陸戦法規） |
| 1919年 | 国際連盟規約（←第1次世界大戦） |
| 1928年 | 戦争ノ抛棄ニ関スル条約（パリ不戦条約） |
| 1945年 | 国連憲章（←第2次世界大戦）<br>国際司法裁判所規程 |
| 1946年 | 日本国憲法9条（戦争放棄・戦力不保持・交戦権否認）<br>フランス第4共和制憲法前文（征服戦争放棄） |
| 1947年 | イタリア憲法11条（国際紛争解決戦争放棄） |
| 1948年 | コスタリカ憲法12条（常備軍の廃止） |
| 1949年 | ジュネーヴ4条約<br>ドイツ基本法26条（侵略戦争準備の違憲性） |
| 1961年 | ウィーン外交関係条約<br>紛争の義務的解決の選択議定書 |
| 1963年 | 部分的核実験禁止条約 |
| 1968年 | 核不拡散条約 |
| 1970年 | 友好関係宣言（第25回国連総会決議） |
| 1972年 | 生物兵器禁止条約 |
| 1975年 | ヘルシンキ宣言（CSCE・地域的集団安全保障の枠組） |
| 1977年 | ジュネーヴ条約についての追加議定書（紛争犠牲者保護） |
| 1979年 | 戦略攻撃兵器制限条約（SALT Ⅱ） |
| 1980年 | 特定通常兵器使用禁止制限条約 |
| 1993年 | 化学兵器禁止条約 |
| 1996年 | 包括的核実験禁止条約（CTBT） |
| 1997年 | 対人地雷禁止条約 |
| 2008年 | クラスター弾禁止条約 |
| 2017年 | 核兵器禁止条約（日本政府は反対票） |

どこへでも介入する米軍のワッペン

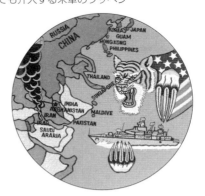

アメリカ本土の基地周辺のみやげもの屋で売られていた巨大ワッペン。30センチもある。米軍にとって「極東」も中東も1つの線になっている。「周辺事態」というのは日本側の論理である。

後述の安保法制によって「重要影響事態」となり、米軍の要請を断われず、自衛隊の活動はグローバルに限りなく広がりうる。

日本の負担の「思いやり予算」は2016年度1900億円を超えた。

→ 立憲主義と平和主義

考えの違う者たちが共存するために公私を分けるリベラリズムの意味での立憲主義と非武装平和主義は両立しないとして、自衛力を認める「穏和な平和主義」説もある（長谷部恭男『憲法と平和を問いなおす』〔ちくま新書、2004〕）。

しかし、非武装平和主義のほうが、現在の国際社会においては個人の自由・生命などを基盤とする立憲主義と適合するとの批判もある（憲法問題19〔2008〕や佐々木弘通・宍戸常寿編『現代社会と憲法学』〔弘文堂、2015〕の佐々木論文）。

特に、個人の思想や表現など「自由の支えとしての非武装平和主義」の役割に着目できる（樋口陽一「憲法九条と西欧立憲主義」『憲法 近代知の復権へ』〔平凡社ライブラリー、2013〕）。

水島編『立憲的ダイナミズム』（本文後掲）では、石川健治の「法学的平和主義」、蟻川恒正の砂川・恵庭・長沼・百里の各事件の鋭い読み解きなどがある。→序❷❾㉝㉟も。

## ◆立憲主義との関係からみた憲法9条

**立憲主義**は、憲法により国家権力を制限するという「制限規範」性をその核心とする（→❶）。それは、憲法典を、国家に権限を授ける「授権規範」として位置づけた上で、国家には、主権者たる国民が憲法を通じて明示的に授権した権限のみが認められるという考え方に立つ。

歴史上、国家の自衛権は、ある種当然のものとされてきたが、日本国憲法に明文がなく、9条は自衛権に対する「懐疑」から出発する。自然人ではない国家の自己保存権を、自然人の自然権としての個人の正当防衛権と同等に評価することはできない。日本国憲法前文には「政府の行為によつて再び戦争の惨禍が起ることのないやうにすることを決意し」とある。これは、帝国憲法下の政府の政策によって、戦争の惨禍がもたらされた事実を確認すると同時に、戦争を起こす担い手（主体）を具体的に明示することで、国民に対して、政府に戦争を起こさせないようにする努力義務を課す。そして、前文は、どの国にも必ずいる「平和を愛する〔諸国家ではなく〕諸国民（peoples）の公正と信義に信頼」して国際社会において対話・連携・平和構築する方法を選んでいる（平和的生存権→❷）。

個人という1人の存在は、軍隊や警察といった強大な物理的強制力を独占する国家に向きあうには余りに弱い。だからこそ、国家が何らかの権限を行使するためには、憲法上に明文で書かれた権限しか行使できないとされたのである。

憲法に明文で定められていない力を、国家が行使することは許されない（前述の「授権規範」性）。したがって、もし自衛目的の実力の保持が許されているのであれば、憲法に「軍」に関する規定が一切存在しないということはあり得ないのである。しかし、日本国憲法には、大日本帝国憲法に存在した宣戦・講和・戒厳・統帥・編制についての規定が全く存在せず、軍法会議のような特別裁判所も明確に禁止されている（76条2項）。このことは、一切の戦争・武力行使・戦力・交戦権を否認した第9条の存在と相まって、「軍」の論理に対する徹底否定の姿勢を際立たせている。よって、自衛権も否認したと解釈するのが自然であろう。

## ◆憲法9条をめぐる「現実」――「自衛力」合憲説？

だが、9条は、施行後3年にして、米軍の巨大な「安全保障環境の変化」（朝鮮戦争）に直面した。憲法改正による軍隊の創設が困難という状況のもと、違憲となる「戦力」を「警察力を超える実力」とする解釈によって、それに至らざる「警察予備隊」が設置された。その2年後には、「近代戦争遂行可能な人的・物的組織体」という解釈によって「海上警備隊」を海上保安庁とは別に設置し、陸は「保安隊」に名称変更した。さらに2年後、現代戦の花形の「航空自衛隊」が誕生し、陸海空3自衛隊が発足するに至った。これを正当化する政府の憲法解釈は、「近代戦争遂行能力」説から「自衛力」合憲説に移行した。その基本論理は、(1)憲法は自衛権を否定していない→(2)自衛のためには一定の実力が必要である→(3)自衛のための必要最小限度の実力は「戦力」ではない（ゆえに合憲）、というものである。

9条2項は「保持しない」という「質」を問題にするのに、そこでは「必要最小限度なら……」という程度問題、「量」の問題へすりかえてしまっている。

その「自衛のための必要最小限度」は何によって決まるのか。政府解釈は2つの要素によるとする。1つは国際情勢であり、もう1つは各国の兵器の水準である。国際情勢が緊張すれば、「必要最小限度」の水準は上がり、「敵」と目される国の兵器のレベルが上がれば、こちらも相応して強化することになる。

では、どんな装備が違憲の戦力になるのかというと、大陸間弾道弾、戦略爆撃機、攻撃型空母が例示されている。また、集団的自衛権（図と後述）は「保持」

しているが、その「行使」は「必要最小限度」を超えるので違憲になると、**内閣法制局**は長らく2014年6月まで解釈してきた。

　1954年政府解釈の「必要最小限度の実力」という概念は弾力性があり、60年の長きにわたって自衛隊合憲の根拠となってきた。この解釈が初めて提示された時、航空自衛隊の主力戦闘機はF86だった。現在のF15戦闘機と比べれば、その能力は大人と赤ん坊ほどの違いがある。この同じ解釈の枠組で、レーダー反射断面積を減少させたステルス戦闘機F35が導入された。また、全通甲板型の護衛艦「いずも」にF35Bを搭載する方向が出ており、違憲とされてきた「攻撃型空母」になりかねない。水陸両用強襲輸送車AAV7を装備する水陸機動団も新編される。これらの装備・部隊の運用思想は、上陸戦対応（敵占領下への逆上陸）であり、従来の「専守防衛」の枠で説明することは困難である。防衛構想は、「基盤的防衛力」（1976年51大綱）から、「動的防衛力」（2010年22大綱）、「統合機動防衛力」（2013年25大綱）へと大きく変容している。だが、それを支える法論理は依然として「自衛のため必要最小限度の実力」である。

　ところで、「必要最小限度」の制約は、装備や部隊の性格などの面だけでなく、その活動領域にも影響を与えてきた。自衛隊発足当初の1954年6月、参議院は「自衛隊の海外出動を為さざることに関する決議」を行った。だが、1980年代から、「武力行使の目的をもって、武装した部隊を他国の領土、領海、領空に派遣する行為」が「海外派兵」と定義され、それにあたらない「海外派遣」は憲法上可能という解釈がなされてきた。ペルシャ湾への機雷除去のための掃海艇派遣（1991年）を皮切りに、カンボジア、ゴラン高原などへのPKO派遣（1992年～）、ルワンダなどへの難民支援活動（1994年～）、テロ特措法に基づく洋上給油活動（2001～10年）、イラク「復興支援」の各種活動（2003～09年）、ソマリア沖海賊対処活動（2009年～）、南スーダン派遣（2011年～）などが実施されている。自衛隊法の2006年改正で、海外派遣が「本来任務」に格上げされた。それでも、1954年の「自衛のための必要最小限度」という政府解釈は、「他衛」となる集団的自衛権行使は許さないという歯止めとして機能してきた。その代わり、「武力行使との一体化」

- **内閣法制局**
　内閣に置かれ、内閣の事務を助ける機関。たとえば下記の事務を行う。①閣議に付される法律案・政令案・条約案の審査・意見、②法律案・政令案の立案、③法律問題に関する内閣・大臣への意見、④内外・国際法制に関する調査研究など。内閣法制局の長官は、内閣が任命する（内閣法制局設置法2、3条）。

　もっとも、60年間、慣例で内閣法制局の次長が長官へ昇格していた。ところが、2013年に安倍内閣は外交官（小松一郎）を任命した。これは「法の支配」ではなく「人の支配」だと批判された。

AAV7 水陸両用強襲輸送車

　水陸両用強襲輸送車AAV7を装備する水陸機動団も新編される。これらの装備・部隊の運用思想は、上陸戦対応（敵占領下への逆上陸）であり、従来の「専守防衛」の枠で説明することは困難である。

　水島ゼミ沖縄合宿の際、名護市辺野古のキャンプ・シュワブで筆者撮影（2014年8月）。

集団安全保障と集団的自衛権との違い

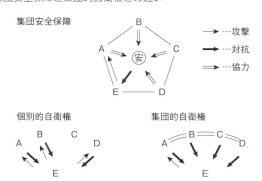

　集団安全保障は仮想敵国がない。㊥は国連の安全保障理事会のこと。E国がA国を攻めたとき、最終的に各加盟国が協定を結んで軍を出し、国連軍として強制措置を行う。

　集団的自衛権は仮想敵国をもつ。自国が攻撃されていないのに、自国と密接な関係にある他国が攻撃された場合に武力行使をする。

否定論や「戦闘地域と非戦闘地域の区別」論などの中間概念が生み出され、「他衛」ギリギリ手前で、海外における米軍への協力拡大を憲法適合的に正当化してきた。しかし、60年間も「保守」されてきた政府解釈は2014年に一変した。

### ◆集団的自衛権行使容認の「安保法制」

2014年7月1日、安倍内閣は、閣議決定により、後にいう「存立危機事態」における武力行使が憲法上許容されるとして、集団的自衛権行使は違憲という従来の解釈を変更した。「7.1閣議決定」の内容は、政府がこれまでギリギリ合憲とした専守防衛ラインを越え、前述の「自衛力」合憲説を担保する基本論理を覆し、明確に違憲であった（水島朝穂『ライブ講義 徹底分析！集団的自衛権』〔岩波書店、2015〕参照）。

この「7.1閣議決定」に沿って、11本の安全保障関連法案が国会に提出された。国会前には連日、学生や市民が詰めかけ、違憲な法案の「廃案」を求めた。この法案が憲法違反であるという声は、圧倒的多数の憲法研究者、弁護士、元内閣法制局長官、元最高裁長官などからもあがり、世論調査でも、安保法案への反対が過半数を超え、政府の説明に納得しない者は8割に達した。しかし、2015年9月に衆参両院の特別委員会で強行採決が行われ、法案は参議院で可決・成立した。

これにより、自衛隊法の本則（3条1項）から「直接侵略及び間接侵略に対し」という文言が削除されるとともに、同法76条により防衛出動ができる場合として、「存立危機事態」（「我が国と密接な関係にある他国に対する武力攻撃が発生し、これにより我が国の存立が脅かされ、国民の生命、自由及び幸福追求の権利が根底から覆される明白な危険がある事態」）が加わった。「我が国への武力攻撃の発生」がなくても、防衛出動が下令されれば、88条により武力行使ができる仕組みができあがった。これは「自衛隊」が「他衛隊」になるという批判を生んだ。

また、周辺事態法は「重要影響事態法」となった。同法7条の「捜索救助活動」では、「実施区域」に他国領土内の地上も含むことになり、しかも「周辺」と「後方地域」が削られた分、自衛隊の活動は限りなく広がる。新法である「国際平和支援法」の「捜索救助活動」も地理的限定がなく、理論上「地球の裏側まで」、危険地域に不時着したパイロット救出に自衛隊が出動することになろう。「軍」の論理を否定した憲法のもとで、自衛隊を「普通の軍隊」にする方向がさらに進んだ。

### ◆憲法9条のダイナミズム

冷戦終結から四半世紀が過ぎ、「ポスト冷戦」後の世界は、一方で「テロ」と「文明の衝突」によって彩色され、他方で、新自由主義による貧困と抑圧の「グローバル格差社会」の荒野が広がっている（→㉗㉒）。日本の防衛費は2016年度予算で初の5兆円超えを果たし、世界の軍と軍需産業の「有効需要」の創出はとどまるところを知らないかに見える。だが、長い時間軸で見れば、「軍事的なるもの」は歴史的に退場の道を歩んでおり、平和憲法に合うよう少しずつ自衛隊を転換していく客観的条件は存在している（水島朝穂『平和の憲法政策論』〔日本評論社、2017〕）。目を閉ざさず、現実を憲法の方向に近づけていくことが重要なのである。

2015年夏。国会前で、18歳をはじめ多くの個人が声をあげた。憲法9条の存在が、自らの自由や生活の問題とも密接に関係していることがようやく自覚されはじめたのではないか。9条が現実政治に及ぼす影響は実に多様かつ多彩であり、そのもつ活力をもっと動態的に、奥深く考える必要があるだろう（詳しくは、水島朝穂編『立憲的ダイナミズム 日本の安全保障3』〔岩波書店、2014〕参照）。

### ◆補論：「3.11」は憲法改正（緊急事態条項）の理由にならない

　2011年3月11日。M9.0の大地震と巨大津波に原発事故を加えた「複合的大災害」が発生した（水島朝穂『東日本大震災と憲法』〔早稲田大学出版部、2012〕参照）。「著しく異常かつ激甚な非常災害」（災害対策基本法28条の2）として、首相を本部長とする「緊急災害対策本部」が立ち上がり、原子力災害対策本部も設置されたが、国会開会中で「災害緊急事態」（同法105条）の布告は行われなかった。

　日本国憲法には緊急事態条項はないが、「地震国の憲法」として、住民の生命・財産を守るため、大災害時に必要な権限の臨時的集中の仕組みを、厳格な要件のもとで許容している。現行の災害対策法制は過去の震災経験の蓄積のなかで整備されてきており、憲法改正（→㊳）をしなくても法律で対応可能である。

　「憲法改正で緊急事態条項を」という主張は「3.11」直後からあるが、これは「震災便乗型改憲論」といわざるを得ない。緊急事態条項は、強大な例外的権限を内閣（→㉜）に与える「劇薬」であり、副作用も大きい。その誤用・悪用・濫用で人権侵害をした過去は多くの国にある。だから、各国の憲法には、濫用防止のための「安全装置」が種々セットされている（水島朝穂「緊急事態条項」奥平康弘ほか編『改憲の何が問題か』〔岩波書店、2013〕参照）。その観点では、自民党改憲草案98、99条の緊急事態条項はかなり危ない。特に緊急時に「法律と同一の効力を有する」特別政令を出すことができ、その期限の定めもなく、国会の事後承認を骨抜きにできるなど、重大な問題をもつ案だ。また、大災害時の議員任期の問題も主張されるが、すでに憲法には参議院の緊急集会の条項（→㉙）があり、衆院解散直後に大災害があっても、「議員が存在しない」ということはあり得ない。

　『河北新報』2015年5月17日付は、「被災地では、震災を理由の一つにした改憲論議に戸惑いと反発が広がっている」と記す。最後に、「（大震災では）私権を制限した方がいいと思うほど大変だったが、何とかやり遂げた。（改憲してまでの）制限は必要ないのではないか」という気仙沼市長の言葉を挙げておく（同紙）。

---

国会前デモ

2015年8月30日。安保法案に反対するデモには、国会周辺に最大の10万人が参加した。高校生から高齢者まで、安保法案に危機感をもつ多くの人々が自発的に集った。

写真提供：東京新聞

きみはサンダーバードの自衛隊ポスターを知っているか

　実態から見れば、自衛隊＝サンダーバードではないが、自衛隊は広報にサンダーバードを採用した以上、「国防軍」にしてはならない。将来、サンダーバードを目指すというなら、憲法9条を変えずに、自衛隊を災害救助隊へ変える道がありうる。詳しくは、水島朝穂ほか『きみはサンダーバードを知っているか』〔日本評論社、1992〕、同「直言」のホームページ内で検索を。

# 8 「安全」vs. 自由

### ◆「安全・安心」という言葉

今日、日常生活のさまざまな場面で、「安全・安心」という言葉が登場する。しかし「安全」と「安心」は同じ意味ではない。厳密にいうと、「安全」と対になる言葉は「危険」や「リスク」である。いずれも比較的客観的なものであり、その対策もまた客観的に決められる。他方、「安心」の対語は「不安」。これは、かなり主観的なもので、人によって、その対象から程度に至るまでさまざまであり得る。個々人の不安感すべてに付き合って、それぞれに応じた対策を設計することは不可能だろう。警察の公文書で「体感治安の悪化」という言葉が使われるようになって久しいが、犯罪が急増しているわけでもなく、実際には減少傾向にある。だが、犯罪に対する「不安」がことさら強調され、警察の組織や権限の拡大につなげる意図があるとすれば問題である。人権の歴史は、国家権力、なかんずく警察権の介入からの自由を出発点としたことを忘れてはならない（→❿㉖）。

### ◆「安全」と憲法

近代憲法の歴史のなかで、「安全」は大きく2つの意味を与えられていた。第1の意味は、自然権としての「安全」（safety）である。フランス人権宣言2条は、「時効によって消滅することのない自然的な諸権利」の保護を国家の目的として設定し、その権利の中身として「自由、所有、安全および圧制への抵抗」を挙げている。ここでは、「国家からの自由」の脈絡で「安全」が用いられていることに注意したい。第2の意味は、アメリカ独立宣言が、抵抗権や革命権を語る脈絡で使った「人民の将来の安全（security）」である。前者は、具体的な権利としての「安全」であり、後者は政府のシステム化された目的としての「安全」である（森英樹編『現代憲法における安全』〔日本評論社、2009〕参照）（→❶❿）。

要するに、前者は人が生まれながらもっている自然権であるのに対して、後者は国家が人民のために確保する安全である。こちらはいきおい、「公の秩序の維持」、つまり「治安」「公安」という目的と結びついていく。そして、「治安」目的で、前者の「安全」が制約されるということが起きてくる。

憲法の歴史を眺めてみると、この2つの「安全」が交錯しながら存在していることがわかる。ただ、組織犯罪や**テロリズム**から個人を保護する国家の義務を重視し、そこに、国家による自由を見てとる議論も生まれた。ドイツ憲法学における「国家の基本権保護義務」論や「安全を求める基本権」論などがそれである。だが、日本国憲法のもとでは、国家からの自由（対国家の防御権）に軸足を置くべきであり、第2の意味での「安全」の確保は、その目的が社会的公平の理念の実現である場合に限定すべきだろう（森・前掲書〔小林武論文〕参照、社会権は→㉒～㉔）。

### ◆「テロ」からの安全？

2001年の「9.11」以降、国家は「現代安全国家」の顔を前面に押し出し、かつてない規模と内容で個人領域に広く深く介入してきた。市民の多くもまた、「テ

---

➡️ **「テロリズム」**

「テロ」という行為をする主義が「テロリズム」と区別できるが、日本では単に「テロ」と縮めて呼ばれ、同じ意味とされてしまう。

「テロリズム」とは、警察庁組織令39条4号「広く恐怖又は不安を抱かせることによりその目的を達成することを意図して行われる政治上その他の主義主張に基づく暴力主義的破壊活動」という定義もあるが、本文の通り一義的な定義はない。これは、基本的には、国家が主体の戦争よりも、個人または集団の刑事犯罪に含まれる。

さらに、2013年の特定秘密保護法12条2項1号「政治上その他の主義主張に基づき、国家若しくは他人にこれを強要し、又は社会に不安若しくは恐怖を与える目的で人を殺傷し、又は重要な施設その他の物を破壊するための活動」という定義もある（2001年改正の自衛隊法81条の2第1項と類似し、より広い）。これでは、過度に曖昧である。たとえば、TPPや原発の賛成または反対を強く要求する目的で、過度な規制ロープや柵を動かすために近づくだけの行為・準備まで「テロ」とされかねない（壊さなくても壊す「ための活動」と誤解・曲解されかねない）。デモ参加者が増えて広い道にあふれそうにもかかわらず狭い道に押し込めた警備や、デ

ロの不安」からそれを支持した。「テロの撲滅」が叫ばれ、「絶対的安全を求める者は自由を失う」という古典的名言を忘れかけていた（2015年の「11.13」なども）。

そもそもG・W・ブッシュJr.政権が始めた「対テロ戦争」（→㉗）という言葉自体がミスリードであって、それはアフガニスタンなどの現状が示すように、多大の犠牲を払って失敗に終わりつつある。「国際テロリズム」について、未だに明確な定義は存在しない。「9.11」直後の2001年秋、国連は、「包括的反テロ条約」に合意できなかった。そうした「空白」に便乗して、国家は軍隊を使って「対テロ戦争」を始めたのである。C・ジョンソンは、「テロリズムの脅威」は「半永久的に臨戦態勢をとる」ための「最新版『赤の脅威』」であり、「アメリカの軍産複合体は、冷戦を支え長引かせたのと同じ国民的な被害妄想をたきつけ」ていると指摘した（屋代通子訳『帝国アメリカと日本』〔集英社新書、2004〕）。「安全」の突出は、それまでの「自由と安全」のバランスを決定的に崩していった（「現代における安全と自由」公法研究69号〔2007〕、大沢秀介・小山剛編『自由と安全』〔尚学社、2009〕など一連の研究）。

◆「生活安全条例」の危なさ

実は「対テロ戦争」以前から、「現代安全国家」は実に巧妙に市民生活のなかに入り込んでいた。1つの転機は1994年の警察法改正である。この改正で、警察庁に「生活安全局」が設置され、「市民生活の安全と平穏」について警察がより簡易に、より深く市民生活に介入できるルートが開拓された。2000年に警察庁は「安全・安心まちづくり要綱」を策定。これをひな型として、全国的に「**生活安全条例**」の制定が相次いだ。「安全・安心まちづくり条例」（東京都）や「安心・安全で快適なまちづくり条例」（名古屋市）等々。名称は違えど、その本質は、条例の形をとった、国家の治安政策の新たな展開と位置づけられている（森・前掲〔小林論文〕）。こうしたなかで、治安への「住民参加」も定着した。

国家からの自由が、個々の市民の側においても未だ十分に定着しきれていない日本において、国家による自由の議論に安易に搭乗できないのである。

モを「テロ」だと誤って呼んだ発言は、集会（デモ）など表現の自由（→⓲）を過度に制限してしまいかねない。

そもそも国家による「テロ」もある。語源は、フランス革命期の国家体制側のM・ロベスピエールによる恐怖政治（Terreur）に由来する。時に「テロ」と呼ばれていても、抵抗運動（Résistance）や抵抗権（→㊳）の場合もあり、政治的立場によってプロパガンダに利用される言葉でもある。「テロ対策立法」は、表現の自由、プライバシー権、入国の自由、人身の自由などの権利（→第Ⅱ部）との衝突もありうる。

➡ 生活安全条例

本文のように「生活安全局」と防犯協会が制定を推進する条例。すでに多くの自治体で制定されている（条例とは→㉗）。たとえば、警察・住民が一体となった防犯活動を行う「地域安全活動」をはじめ、自警団的な「自主防犯活動」、地域住民による監視カメラ等防犯設備の推進、路上喫煙・ポイ捨て等の罰則などがある。「生活安全条例」研究会編『生活安全条例とは何か──監視社会の先にあるもの』〔現代人文社、2005〕など参照。

「9.11」の記念グッズ

ニューヨークの世界貿易センター（WTC）跡地近くの売店で。

千代田区条例のパンフ

「ぽい捨て条例」という形でメディアの注目を浴びたが、その内容は個人・市民の権利・自由と衝突するものがさまざまある。

第Ⅱ部
# 人権論
個人の権利を保つこと

# 9 人権とは
## その語られる場とは？

### ➡ 権利・自然権・基本権（憲法上の権利）・「基本的人権」

「権利」とは、相手方に対し、ある（不）作為を求めることのできる資格・能力。自己の「意思」に基づき一定の（不）作為を可能にする、あるいは、一定の「利益」を主張・享受することを可能にする法的に保障された力。私法関係（私人間）の私権と、公法関係の公権がある。憲法上は、国家に対する個人の公権が重要である。この「基本権（憲法上の権利）」は国家以前にある生まれながらの「自然権」の意味での「人権」とは次元が異なる。この「人権」は日本国憲法上に書かれて「基本的人権」といわれる。本書では憲法における人権を「憲法上の人権」ともいう。別の視点からは、宍戸常寿編『18歳から考える人権［第2版］』〔法律文化社、2020〕も。

### ➡ プロパティ（property）

イギリスの哲学者J・ロックの『統治二論』〔1690〕で説かれた。身分ではなく「個人」がもつ、生命・自由・所有（財産）といった、各人に文字通り「固有」（proper）なもの（T・ホッブズと異なり自由を強調）。それを保全するために、「自然状態」で手にしていたはずの自然的権力を放棄して「市民社会・政治社会（国家）」に移行し、「国家権力」を創る。こうして、諸個人の同意（契約）によって信託を受けた国家権力が政治責任を負う、という統治の基本的な考えが成立する（社会契約論）。国家の信託違反に対しては、個人は抵抗権をもつ。愛敬浩二『近代立憲主義思想の原像――ジョン・ロック政治思想と現代憲法学』〔法律文化社、2003〕も参照。

### ➡ 私人間効力

例外的に、憲法上の人権の効力

### ◆「人権」というけれど

各地を旅していると、「**人権**」という言葉を使った巨大看板やポスターに出くわすことがある。ある都市で人と待ち合わせをしていた時、「人権啓発標語入賞作品」というのが掲示してあった。「そだてようやさしいきもちといいところ」（小学2年）、「人権を守ってみんなの笑み満点」（中学2年）等々。ここまでならば、微苦笑の範囲内であった。「みんなが守る一人の人権　一人が守るみんなの人権」（中学3年）。この知事賞をとった「優秀作品」を見ていて妙な気になった。響きは美しいが、「一人」と「みんな」の関係がそう簡単なものではないことを、本人も選者も理解しているだろうかと不安になった。「みんな」（多数者）が「一人」（少数者）の「人権」を侵す可能性があるから注意しようというのならまだわかる。だが、「一人」が「みんな」の「人権」を守ろうという呼びかけがセットになると、それは、一人ひとりがお互いを尊重しあうということだけにとどまらない。むしろ、「みんなの利益」のために「一人ひとりの権利」を安易に制約することにつながらないか。狭い地域や密度の濃い集団（学校）の場合、この呼びかけの付随的効果（副作用）への心配はつきないのである。

この標語のトーンは、「一人は万人のために、万人は一人のために」を想起する（『三銃士』からラグビーも）。この美名のもと、国家社会主義的官僚制国家が生まれ、長期にわたり人々を苦しめてきた。「ベルリンの壁」と共にその圧政は崩壊した。だが、「壁と共に去りぬ」の世界的歴史変動から免れているある国では、「万人（全体）のために」「一人（元帥様）のために」という異様な形に純化して生き残っている。かの国の憲法は、「公民の権利および義務は、『一人は万人のために、万人は一人のために』の集団主義原則に基づく」となっている（朝鮮民主主義人民共和国社会主義憲法63条）。言葉の使用には注意したい。

### ◆「個人」の人権の対「国家」性

「人権」の初歩的な定義は、「人が生まれながらにしてもっている権利」「人ということだけを理由にして認められる権利」ということになろう。このような意味での人権が明確化されたのは、ヴァージニア権利章典（→❿）である。人類史というスパンで見れば、まだ240年しか経っていないともいえる。憲法における人権は、「みんな」が多数決など民主的手続を踏んで決めたことでも、「一人」（個人）がもっている「大切なもの」を侵害してはならないことを「あらかじめ」示したものである。「個人」の「大切なもの」を「**プロパティ**」という概念で表現した思想家もいた。パソコンではプロパティを開くと、ファイルの核心的内容がわかるように、「個人」にとって「プロパティ」は生命・自由・財産であり、その後の人権宣言によってさらに豊かにされている。その際、人権を侵害する可能性のある「みんな」とは、まずもって「国家権力」を指す。立憲主義（→❶）からすれば、憲法上の人権（個人の権利）は、「仲良しの基準」ではなく、国家権力に対抗する明確なベクトル（方向性）をもっていることが重要である。

## ◆ 元カレによる人権侵害?

　人権というのは、どこの誰もが知っていて、誰もが使うけれども、その使用の場や仕方が適切かどうか疑わしいことも少なくない。たとえば、パートナーに暴力をふるう DV(ドメスティック・ヴァイオレンス)が「人権侵害」だといわれることがある。執拗につけまわす、「元カレ」による「ストーカー」行為が「人権侵害」という脈絡で語られてしまう。メディアの取材行為を「人権侵害」として救済の対象にする「人権擁護法案」も検討されたことがある。さらには、「被害者の人権」なるものを、憲法を改正して盛り込めと主張する政党や巨大新聞。道徳、法律と、憲法との違いが混同されることがある。憲法上の人権についての不正確な理解や表現は数多い。

　人権をいう以上、「誰の」「誰に対する」「どのような内容の」「どの法的根拠による」権利を「どのようにして」「誰が」救済するかが問題となる。ところが、この国の近年の傾向は、「普通の人々」が「普通の人々」に対して「人権」を主張する。少し前ならば、「社会的権力」という形で、国家と個人の中間にあって、時として国家以上の力を発揮して個人の権利を侵害する主体(特に企業、巨大労組等々)が注目され、それとの関係で人権が論じられた。だが、近年の議論は、個人と個人の関係、あえていえば「人間関係」が「人権関係」に安易に置き換えられて主張されることもあるのではないか。

　このような混乱に乗じて、国家が権限拡大をはかっていることも見逃せない。たとえば、従来はなかなか私人間に介入できなかった警察が、1994 年に「生活安全部」というセクションを新設して、市民が警察の介入を求める仕組みをあちこちに立ち上げている。切り口では「安全・安心のため」とされる場合でも、中身をよく吟味しないと、対「国家」の憲法上の人権という本来の意味と内容を縮減させていく結果になることに注意すべきだろう(→❽も)。かつて「人権のインフレ化」がいわれたが、いまは人権状況の不安定化が進むなか、人権概念の混乱と地盤沈下が進むという点では、「(本来の)人権のデフレ化」といえなくもない。

が私人と私人の間に及ぶか?

　①無効力説でも②直接効力説でもなく、③間接効力説は、憲法が民法90条の公序良俗など一般条項を通じて私人間にも適用されるとする。たとえば企業など強い私的団体(→⓬)との関係で問題となる。これまでの通説や判例も③の説と理解されることが多い(三菱樹脂事件〔最大判 1973 年 12 月 12 日〕など)。

　④国家同視(State Action)説ないし国家帰責説は、司法の執行、国家類似の強い団体、または、国家関与を重視する説。

　⑤基本権保護義務論は、私人Aが私人Bを侵害するとき、国家が私人Bの基本権を保護する説(憲法と民法のタテ関係)。

　⑥新無効力説は、自然法上の人権に立ち返り、民法(2条)の「個人の尊厳」に拠る「民法上の人権」を用いる説(憲法と民法のヨコ関係)。

　論争があるが、多かれ少なかれ憲法を"参照"し、「広い意味の人権」は私人間でもかかわる(諸説は君塚正臣『憲法の私人間効力論』〔悠々社、2008〕も参照)。

　ここでは「国家」に対する憲法上の人権という基本の例外が私人間効力であることを再確認しよう。

人権キャラクター

　人権キャラクターとともに「人権を守るのは人にやさしくすること」と呼びかけられている。この「人 KEN まもる君」の使用は、法務省人権擁護機関または人権啓発活動ネットワーク協議会が行う人権啓発活動に限られている。そこでは、国家に対する憲法上の人権は、強調されなくなってしまっている。

「国家」に対する「個人」の憲法上の人権

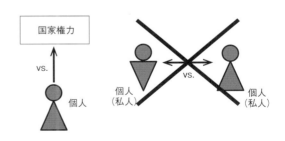

　本文と図のように、憲法上の人権は、「国家」に対する「個人」の生まれながらに有する権利である。「(個人・法人を含む)私人」に対する「私人」の権利侵害(「私人」間の対立)は、直接的には憲法上の人権問題ではない(私人間効力は例外)。

# 人権はどのように発展してきたの？
## 「人権」物語

### ◆ 壮大なるフィクションの意味

 18歳までに授業でも、18世紀の**ヴァージニア権利章典**や**フランス人権宣言**について勉強している人も多いだろう。アメリカとフランスは、近代的な人権と人権思想の元祖と理解されてきた。18世紀のあの瞬間、あの場所で、これらの文書が生まれ、その後の人権史に決定的な影響を与えた。これは間違いない。だが、歴史を冷静に観察すれば、これらの宣言は、過度に美化することのできないさまざまな事情を抱えていた。
 まず、ヴァージニア権利章典は「すべて人は生来ひとしく自由かつ独立しており、一定の生来の権利を有する」として、その権利として、生命、自由、幸福追求、財産の取得所有の権利を挙げていた。だが、ここでいう「すべて人」とは、あまねくすべての人を意味せず、ヴァージニア州で市民権を獲得した市民を指す。時はアメリカ独立戦争の最終段階である。独立を正当化するためには、華麗なフィクションを総動員する必要があったのである。アフリカ系の奴隷たちは、そこにいう「人」にはカウントされなかった。その意味では、アメリカは「『平等』なき立憲国家」といわれる（M・クリーレ〔初宿正典ほか訳〕『国家学入門』〔御茶の水書房、1989〕〔原典 1975-2003〕）。
 他方、フランス人権宣言1条の「人は、自由かつ権利において平等なものとして出生し、かつ生存する」も同様である。そこにおける「人」は三重のフィクションにくるまれていた。すなわち、「人」（homme）とは、「成人」の「男性」のことであり、女性と子ども（→⓮㉓）は含まれておらず、当然、植民地の人々も入っていなかった。ということは、1789年段階で「人の権利」と宣言されたものは、「フランス本国の成人男性の権利」と同義だった（辻村みよ子『人権の普遍性と歴史性』〔創文社、1992〕参照）。加えて、そこで人権の理念はうたわれていたが、拘束力はなかった。その意味で、フランスは「立憲国家なき『人権』」といわれる（クリーレ・前掲書）。権利保障と統治機構の関係が重要性を帯びてくる所以である。
 端的にいえば、18世紀の人権宣言は、独立戦争や革命の興奮と熱狂の醒めやらぬなかで、すべての人間の自然的権利を情熱的にうたいあげたものである。そこに生きる具体的な人間の属性やもろもろの関係は（生産現場における関係も）すべて捨象され、人間の本性だけが押し出された。この強引ともいえる抽象化によって、人権は、強烈な歴史的インスピレーションを与えることになった。もしも、これらの人権宣言が、あそこまで熱く、高らかに「あまねく人の権利」を宣言せずに、チマチマと特定の国民の権利をいう狭いものにとどまっていたならば、世界史に残るような文書とはなり得なかっただろう。

### ◆ フィクションから憲法上の権利へ

 19世紀に入ると、人権宣言の道徳的な響きと情熱は急速に醒めていき、人権は憲法典のなかに粛々と取り入れられていく。フランスの場合、1791年憲法、1793年憲法、1795年憲法という、それぞれ性格の異なる憲法のなかに取り入れ

---

**● ヴァージニア権利章典**
 1776年6月12日、イギリスの植民地ヴァージニアで、G・メイソンらが、協議会を開き、独立を決定し、憲法起草委員会で採択した人権保障の宣言規定。幸福追求・生命・自由の権利、人身、言論出版、宗教の自由など16カ条からなる。29日には政府組織に関するヴァージニア憲法も併せて採択された。翌月のアメリカ独立宣言（→❶）やフランス人権宣言に影響を与えた。

**● フランス人権宣言**（人および市民の権利宣言）
 1789年8月26日採択。フランス革命前6月から憲法制定国民議会で起草が始まった。すべての人の自然権（自由、所有、安全、抵抗）を保全するために国家が創設され（人身、表現の自由や平等も）、その市民の参政権が定められ、国民主権と権力分立も掲げた17カ条の宣言。1791年憲法の冒頭にも付された（現1958年憲法前文も）。ドイツなど諸国に多大な影響を与えた。→❶も。

られ、憲法上の権利として共通の地歩を固めるに至った。1795年憲法は、権力分立を基本に据えるに至った。「立憲国家なき人権」からの離陸の開始である。この流れを、「人権から基本権へ」という括り方をする論者もいる（→❾）。18世紀以降の**自由権**のみならず、さらに、20世紀、**社会権**の要求が高まっていき、**ヴァイマル憲法**のなかに、15カ条もの社会権条項が登場するに至った。

先にフランス人権宣言には3つのフィクションがあったと書いたが、生産過程における具体的な諸関係（資本家と労働者など）を捨象したという意味では、4つのフィクションともいえる。いずれにせよ、20世紀の植民地解放運動や女性参政権獲得の運動などの結果、2つのフィクションは克服の道を進んでいる。社会保障や労働権獲得をめぐる運動の結果、社会権をもつ憲法も増えてくる。そして、フランス人権宣言200周年の年に国連総会で採択された「子どもの権利条約」（→㉓）により、成人だけでなく子どもが権利の主体として強調された。もちろん、権利について各国の対応は異なり、問題は単純ではない。しかし、人権のフィクション性を克服していく営みは、長い時間と、人々の「人権（権利）のための闘争」（→⓯）を通じて、着実に前進している。その意味で、人権は削除できない「人類の多年にわたる自由獲得の努力の成果」（日本国憲法97条）なのである。

### ◆ 人権の再転換？

21世紀になり、「人権の国際化」が進んでいる。しかし、現実の生活に目をやれば、貧富の差は、世界規模で、また各国内部においても一段と激しくなっている。西欧的な人権の普遍性の「胡散臭さ」を批判し、イスラム的価値やアジア的価値の特殊性を押し出す動きも決して小さなものではない。「9.11テロ」も過度の「テロ対策」も、そうした動きの歪んだ現象形態といえるかもしれない（→❽）。

なお、人権に関して「やってはいけないこと」が1つある。それは、その普遍的価値を大上段にふりかぶって、武力で押しつけることである。コソボ紛争（1999年）やイラク戦争（2003年〜）など、「人権のための戦争」「民主的介入」「体制転換」などが世界にもたらした負の影響は計り知れないものがある。

#### ⇒ 自由権・社会権・参政権

①自由権は、国家に対し、個人の自由に踏み込まないように"消極的"な国家であることを求める権利である（精神的自由権→⓯〜⓴、経済的自由権→㉕、人身の自由→㉖㉗）。②社会権は、実質的な公平の観点から、国家に対し"積極的"な行為を求める権利である（→㉒〜㉔）。③参政権は、市民が"能動的"に国家などの政治へ参加できる権利である（→㉘）。これらの権利を確実なものにするために、裁判を受ける権利などの④その他の国務請求権がある。

#### ⇒ ヴァイマル（ワイマール）憲法

1919年8月11日のドイツ・ライヒ憲法。第一次大戦敗戦翌年、小都市ヴァイマルの国民劇場で憲法制定国民集会によって制定された。基本権の面では、「流産」した1849年フランクフルト憲法の自由権を受け継ぎつつ、早くから社会権が盛り込まれた。特に151条は、厳密には基本権ではなくプログラム規定だが「人間の尊厳に値する生存」を定めた。現在の基本法や日本国憲法にも影響を与える（→㉒〜㉔）。だが、基本権停止の緊急命令などでナチス時代には破壊された（→❼㊳㊴）。

---

人権・基本権の年表

1215年　マグナ・カルタの特権と自由市民の権利（→㊱）
1628年　権利請願
1689年　権利章典
1776年　ヴァージニア権利章典
1789年　フランス人権宣言
1791年　アメリカ合衆国憲法修正〔権利章典〕（→❶）
1849年　フランクフルト憲法の「ドイツ国民の基本権」
1850年　プロイセン憲法の「プロイセン人の権利」
1889年　大日本帝国憲法の「臣民の権利」
1919年　ヴァイマル憲法の「ドイツ人の基本権」
1946年　日本国憲法の「基本的人権」
1948年　世界人権宣言
1949年　ボン基本法の「基本権」（→❸❹）
1950年　欧州人権条約
1966年　国際人権規約
1998年　イギリス人権法
2000年　EU基本権憲章
（国際人権は→⓲も）

特別展「ドイツ憲法と憲法現実　1849　1919　1949　1989」

ベルリンのドイツ歴史博物館の特別展「自由の名において！―ドイツの憲法と憲法現実1849　1919　1949　1989」（2008–09年）。前述（→❹など）したように、フランクフルト憲法、ヴァイマル憲法、ボン基本法、ベルリンの壁崩壊を記念する展示であった。フランス人権宣言からEU憲法条約草案の権利まで発展する展示でもあった。

# 11 人権と「公共の福祉」の微妙な関係

## ◆「公共の福祉」とは？

「人権は公共の福祉によって制約される」。これは必ずしも自明ではない。判例でも、これを抜き身でもちだして人権を制約するものはさすがに減った。

「公共の福祉」は憲法12、13、22、29条の計4ヵ所に登場する。旧帝国憲法では、言論・集会の自由（29条）などの臣民の権利は「法律ノ範囲内」に限られた。それゆえ、出版法や映画法など、自由へ国家が介入するルートは、法律さえ制定すれば簡単に開かれた。こうした「法律の留保」が日本国憲法には存在せず、「公共の福祉」という一般概念を置くにとどまったが、解釈は分かれた。

まず、12条と13条の「人権総論」的位置関係から、「公共の福祉」を人権の外にある公益であってすべての人権に対する制約ツールと解する学説があった（一元的外在制約説）。この発想は、初期の学説・判例に支配的だった。たとえば、「公共の福祉という基本的原則に反する場合には、生命に対する国民の権利といえども立法上制限乃至剥奪されることを当然予想している」（死刑の合憲性に関する最高裁大法廷1948年3月12日判決）。1960年代前半頃までの最高裁判例は、「公共の福祉」の前に思考停止していたといえるだろう。

次いで、22、29条という経済的自由（→㉕）に「公共の福祉」が置かれていることに着目し、精神的自由（→⓯～⓴）への「公共の福祉」を遮断しようするアイデアが登場した（二元的制約説）。ただ、この説だと12、13条の「公共の福祉」を効力のないものだと薄めるあまり、13条の法的な意義を低め、ここから「**新しい人権**」を導出しづらくなるデメリットも指摘されている。

そこで、人権の制約は、対立する人権によってだけ認められるとして、人権の内にある制限のみを「公共の福祉」の意味とする説がある（一元的内在制約説）。一方の13条の内在的制約は、各人の自由権の公平な保障ないし他者加害禁止をねらいとする自由国家的制約である。他方の22、29条の「公共の福祉」は、社会権の実質的な保障をめざす社会国家的制約を正当化するとされる。さらに、個人の権利にとどまらない公共の利益でも、ある程度の制限を認める説も多い（自然保護のための経済的自由の制限など）。とはいえ、「公共の福祉」を抜き身で用いるものは減り、個々の人権の性質や**保障範囲・制限**などを具体的に検討して判断されるようになった（芦部信喜『憲法［第7版］』〔岩波書店、2019〕、長谷部恭男『憲法［第7版］』〔新世社、2018〕の学説展開も参照）。

近年、コミュニティの住民多数の「不安」「空気」を根拠に、「危なそう」な集団を「公共の福祉」の名のもとに排除する動きも生まれた（→❽も）。

## ◆「公共の福祉」の風景

「子どもたちが大田原市に居住することは公共の福祉に反する」。1999年6月28日、栃木県大田原市が、宗教団体アレフ（現 Aleph、旧オウム真理教）信者の出した転入届けを不受理にした際、市長が述べた言葉である。

地下鉄サリン事件などを起こしたとされる旧オウム真理教に対する住民の不安

---

### ●「新しい人権」

日本国憲法に明文のない権利で、時代の進展とともに新たに認められうる人権。一般に13条の幸福追求権に根拠が求められる。憲法は歴史的に権力による侵害を受けた権利を例示したため網羅的でない。ほぼ判例で認められたものに、たとえば肖像権、プライバシー権、名誉権など人格権がある（→⓯）。幸福追求権を、生きるために欠かせない権利に狭く限るか（人格的利益説）、多くの行為を広く認めるか（一般的自由説）は対立がある。

近年は、権利保障に熱心だったとはいえない側から導入の改憲論もある。しかし、必ずしも権利として認めるべきものばかりでなく、環境権などは、国家の環境保護義務や環境法原則を憲法解釈や法律で進めるほうが可能かつ有効という見方もできる（すでに環境保護は「公共の福祉」の一内容）。大塚直編『18歳からはじめる環境法［第2版］』〔法律文化社、2018〕コラムも参照。

### ●三段階審査（保障範囲・制限・正当化〔比例原則など〕）

憲法上の権利制約の違憲審査基準を学説はアメリカから導入したが（本文の芦部など→⓮⓲）、近年、審査方法として三段階審査が、ドイツから日本の学説に受け容れられつつある（精度が乏しいが判例も一部そう読める）。

感を背景に、各地で、行政が住民と一体となって信者の転入を阻止する動きが相次いだ。その際、焦点となったのは、住民票の受理・調製という地味な行政事務である。行政が、出家信者の子どもたちの就学拒否を行うという異例の事態も生まれた。地元PTAの要望に応えたもので、「公共の福祉」を根拠にしている。

関連の訴訟も各地で起きた。世田谷区では、信者たちの集団転入が判明した段階で、区が信者らの住民票を破棄し、住民基本台帳の記録を抹消するとともに、転入届を不受理扱いにした。これに対して信者側は「居住・移転の自由」（22条）侵害などを主張して、住民票消除処分の取消と損害賠償を求める訴訟を提起し、あわせて処分の執行停止を申立てた。そこでの論点の１つは、住民基本台帳法に基づく住民票作成に、市区町村長の実質的審査権があるかという問題である。区側は、周辺住民の意思を背景に、住基法に基づく市区町村長の審査権のなかに「公共の福祉」を読み込み、信者の区内への転入を阻止しようとした。

一審の東京地裁（2001年2月16日決定）は、転入届の受理は転入の事実の有無のみで決すべきであり、受理するかしないかの実質的審査権を怠ったという理由だけで、すでに調製された住民票を消除することはできないとした。これに対し二審の東京高裁（同年4月20日決定）は、「地方公共の秩序を維持し、住民及び滞在者の安全、健康及び福祉を保持する」ことを「公共の福祉」の中身と解して、区長の実質審査権の意義は届出事項の内容の形式審査にとどまらず、当該団体の危険性など特別の事情についても審査できるとして、本件処分は、「公共の福祉の観点からの基本的人権に対する必要かつ合理的な制約の結果と解される」とした。最高裁（同年6月14日決定）は、憲法判断に踏み込まずに、市区町村長が審査権限を有しているとは即断しがたいとして、高裁決定を破棄し、消除処分の効力を停止した地裁決定を正当なものとし、執行停止についてもこれを認めた。住民の不安感も理解できるが、「危険性」から住民票の不受理まで連動させた高裁決定には無理があろう。

2012年自民党憲法改正草案は、「公共の福祉」を「公益及び公の秩序」とする。昨今の風潮では、異質な他者や異質な少数者をはじき出すツールにもなりかねない。

第１段階：ある者の行為・状態が憲法上の権利の「保障する範囲（領域）」に含まれるか。第２段階：その権利が国家の行為によって「制限（介入）」されるか。第３段階：その制限が「憲法的に正当化」されるか（許されるか）、されない限り、違憲となる。

第３段階では、権利の制限が法律の根拠をもち、制限する規範が明確であり、「比例原則」に反してはならない。まず、権利の制限の目的 x が正当であり、目的 x に手段 y が役に立たなければならない（①適合性）。次に、手段 y よりも制限的でない他の効果的な手段 z がなく、y が必要最小限でなければならない（②必要性）。そして、制限で得られる利益が失われる利益を上まわり、バランスを失してはならない（③均衡性）。①②に関し⓯㉕など。

個人の自由が原則とし、国家による制限が例外という原理が基本にある。参照、B・ピエロート／B・シュリンク〔永田秀樹ほか訳〕『現代ドイツ基本権』〔法律文化社、2001〕、小山剛『「憲法上の権利」の作法〔第3版〕』〔尚学社、2016〕、渡辺康行ほか『憲法Ⅰ——基本権』〔日本評論社、2016〕。

---

オウム真理教の機関誌と反対派ステッカー

『ヴァジラヤーナ・サッチャ』というオウムの機関誌には、さまざまな危機感をあおる記事が満載だった。

人権制約についての意識調査

「人権尊重と権利の主張による他人の迷惑」
総数（1,864人）
そう思う 77.7　　そう思わない 19.8
非常にそう思う 24.2 ／ かなりそう思う 53.4 ／ あまりそうは思わない 19.0
わからない 2.5　全くそう思わない 0.8
（内閣府「人権擁護に関する世論調査」2012年8月より）

総数（6,011人）
個人の利益よりも国民全体の利益を大切にすべきだ 50.6 ／ 一概に言えない 16.0 ／ わからない 2.0 ／ 国民全体の利益よりも個人個人の利益を大切にすべきだ 31.4
（内閣府「社会意識に関する世論調査」2015年1月より）

「人権尊重が叫ばれる一方で、権利のみを主張して、他人の迷惑を考えない人が増えてきた」という意見に共感する人が77.7％というのは、設問の仕方に問題があるとはいえ、この国の人権意識の一面を示す。個人より「全体の利益」を大切にという人が過半数というのも同様である。ただし、それぞれ5年前より微減した。「権利〔正当なこと＝right〕」を主張することは問題ないし、侵害に至らない「迷惑」程度では人権制限できない。

# 12 人権は法人にも保障されるの？

## ◆ 人権における Whose?

　人権が、もっぱら自然人たる個人の権利を意味するとしても、「誰の」（whose）人権か、という論点がある。教科書では「人権の享有主体」の問題として、天皇・法人・外国人（→㉓）という3点が論じられることも多い。「胎児の人権」「死者の人権」「子どもの人権」「障害者の人権」なども、「人権の主体」の問題として論じられ（戸波江二『憲法［新版］』〔ぎょうせい、1998〕）、あるいは、すべて人が主体であるうえで「人権の制約」の問題として論じられることがある。ここでは、「法人の人権」という言葉について考えてみよう。

## ◆ 性質適用説というけれど

　通説・判例は、**法人**が現代社会において果たす重要な役割や、法人の活動が自然人を媒介にして行われ、その効果が構成員である自然人に帰することなどから、「法人も人権の享有主体たりうる」という結論を、意外とあっさりと引き出す。その際、ドイツ基本法（→❸）19条3項（「基本権は、その本質上（ihrem Wesen nach）内国法人に適用しうる限りにおいて、これにも適用される」）を引いて、「だから日本も」という。「性質適用説」と呼ばれるものだが、実はどのような人権が「性質上」法人にも妥当するのかについて、明確な振り分け基準を引くことも難しい。一口に法人といっても、営利法人と非営利法人、任意団体と強制加入団体とでは、扱いにも違いが出てくる。巨大な企業・団体と、社会の隅々で活動する団体（**NPO**等）とを同一に論じていいか。法人にもさまざまな「かたち」があり、それらの性質の違いも無視できない。また、「法人の人権」が、その構成員の人権と衝突する場合もありうる。むしろ、その点こそ重要だろう。有名な八幡製鉄政治献金事件最高裁判決（1970年6月24日）は、性質適用説を採用して、営利法人たる巨大企業の政治的表現の自由をおおらかに肯定した。特定政党への政治献金に反対する構成員は、自己の思想・良心の自由（→⓰）を侵されたといっても、株主や従業員をやめる自由があるのだから、「いやなら出ていけばいい」ということにもなりかねない。あくまでも人権の主体は「個人」（自然人）という視点をキープしながら、個人の集合体である法人・団体が、国家による不当な介入・扱いを受けたときに、裁判所に救済を求める「憲法上の権利」（基本権）を有すると考えるのが妥当だろう（この点、上述のドイツ基本法も、解釈で、自然人と同様の憲法上の権利を法人に認めることが不可能だったからこそ、明文を定めたとも解せる。樋口陽一『憲法［第3版］』〔創文社、2007〕の「法人からの人権」も参照）。

## ◆ 強制加入団体で起きたこと

　①弁護士会、②税理士会、③司法書士会といった強制加入団体の場合、正規のルートで決定された事柄（決議）について、個々の構成員がどこまで協力を義務づけられるかが問題となりうる。たとえば、日本弁護士連合会は、総会でスパイ防止法反対を決議をしたことが、また、南九州税理士会は、特定政党に対する献

➡ **法 人**
　自然人（生物学的なヒト）以外で、法律上の権利義務の主体となりうる資格、法人格を認められた主体。民法では、法人の設立は、法律の規定によらなければならず、登記を要し、定款等で定められた目的の範囲内において権利義務がある（33、36、34条）。法人擬制説と法人実在説の対立もある。こうした法人に限らず広くは（個人に対する）「団体」「集団」の意味でも用いられる。

➡ **NPO（非営利組織）**
　営利を目的としない組織（団体）。政府機関と対比するときはNGO（非政府組織）、CSO（市民社会組織）ということが多い。狭くは1998年特定非営利活動促進法によって法人格を得たNPO法人。同法は「ボランティア活動をはじめとする市民が行う自由な社会貢献活動としての特定非営利活動の健全な発展を促進し、もって公益の増進に寄与することを目的」とし、保健医療福祉、教育、観光、環境、災害救援、人権・平和、消費者など20種を掲げる。

金目的で会員から特別会費を徴収したことが、さらにまた、群馬司法書士会は、阪神大震災の復興支援のための特別負担金の徴収を決議したことが、それぞれ会員の思想・良心の自由を侵害するなどとして訴訟になった。

①弁護士は、弁護士法1条で「基本的人権の擁護」を要求される。この観点から、裁判所は、当該決議がスパイ防止法反対の見解を表明したにとどまり、会員個人を拘束するものではないとして、当該決議を含む弁護士会の活動を、団体の目的の範囲内（民法43条〔現34条〕）と認定した。この東京高裁判決（1992年12月21日）の結論を、最高裁判決（1998年3月13日）も支持した。弁護士自治とその社会的意義から見ても妥当な判決であろう。

②ここで注目されるのは、南九州税理士会事件の最高裁判決（1996年3月19日）である。税理士会は強制加入団体であり、会員には多様な思想・信条をもつ者が存在する。政党などの政治団体に対して金銭を寄付するか否かは、個人的な政治的思想に基づき自主的に決定すべき事柄であって、それを多数決原理によって団体の意思として決定し、構成員にその協力を義務づけることはできない、とした。会に対する会員の自由に着目した妥当な判決であろう。

③一方、群馬司法書士会事件では、前橋地裁判決（1996年12月3日）が、震災復興のための徴収を、個々の会員の良心に従い自主的に決定すべき事柄と判断し、団体の目的の範囲外とした。震災復興支援と政党への政治献金は明らかに性格が異なる。東京高裁判決（1999年3月10日）と最高裁判決（2002年4月25日）は、復興支援のための徴収を、司法書士法1条の「国民の権利の保全」に資するものとして、団体の目的の範囲内に含まれると解した。地裁判決は会員の自主的決定の意味を取り違えており、高裁の判決が妥当であろう。

なお、日本歯科医師連盟鹿児島訴訟がある。これも政治献金をめぐる事件だが、2002年に和解が成立した。和解書では、会員の自由な意思決定を尊重するための規約改正がトップに掲げられている。歯科医師会は強制加入団体ではないが、南九州税理士会訴訟最高裁判決のプラスの影響を見てとれる。

---

法人の種類

| 営利法人 | 非営利法人 |
|---|---|
| ・株式会社 | ・一般社団法人　・一般財団法人 |
| ・合名会社 | ・公益社団法人　・公益財団法人 |
| ・合資会社 | ・NPO法人　・学校法人　・宗教法人 |
| ・合同会社 | ・協同組合　・労働組合 |
| など | など多数 |

2001年中間法人法は2006年一般社団・財団法人法で廃止され、中間法人は一般社団法人に移行された。同年の公益法人認定法なども併せ、制度改革がなされた（2013年に上記の分類）。

国家法人説（→⑳）によれば、国も法人であり、地方公共団体も法人とされる（地方自治法2条）。しかし、本文や図では「公法人」ではなく「私法人」を扱った。独立行政法人（国公立大学法人も同種）も「私法人」ではない。なお、私立大学は、学校法人であり、財団法人に近い種類である。

札幌弁護士会の看板

弁護士は各弁護士会に置かれている弁護士名簿に登録されないと弁護士業務ができない（弁護士法8条）。典型的な強制加入団体である。しかし、人権のために活動することは、弁護士法1条の人権擁護と正義の実現を使命とするという目的からも、当然のこととされている。

# 人権と感染症から見える「特別権力関係」

## ◆ 新型インフルエンザへの不安

「厚労省によれば、〇〇市在住の18歳学生が発熱。〇〇病の疑いで緊急入院」——そんな速報が政治家の汚職報道を吹き飛ばすのを聞いたことがあるだろう。新型インフルエンザ、エボラ出血熱、コロナウイルス感染症（特にCovid-19）、デング熱など感染症が、時に大騒ぎになり、時に経済優先の安全宣言で忘れ去られてしまう。

「テロ」の不安（→❽）、雇用不安、老後への不安（特に年金）など、不安にもさまざまあるが、食生活や病気への不安は、より身近で切実である。ウィルスなどの病原体が目に見えないだけに、人々の言い知れぬ不安感は、時に、罹患した他者への過剰な反応や差別につながることも少なくない。熊本県の温泉ホテルが、**ハンセン病**の元患者の宿泊を拒否した事件では、ホテルの支配人が事柄の重大性に気づくのにかなりの時間を要した。「他のお客さまのことを配慮した」という言葉に妙な自信が感じられたが、病気への偏見はそれだけ深いということだろう。

## ◆ 前文をもつ感染症予防・医療法

「感染症予防・医療法」、正確には「感染症の予防及び感染症の患者に対する医療に関する法律」（1998年10月2日）という法律がある。この法律の施行は1999年4月1日。一般法律には珍しく、前文（→❷）がついている。その書き出しはこうだ。「人類は、これまで、疾病、とりわけ感染症により、多大の苦難を経験してきた。ペスト、痘そう、コレラ等の感染症の流行は、時には文明を存亡の危機に追いやり、感染症を根絶することは、正に人類の悲願と言えるものである」。

一般の法律なのに、「人類は」で始まるスケールの大きさ。そして、こう続く。「過去にハンセン病、後天性免疫不全症候群〔エイズ〕等の感染症の患者等に対するいわれのない差別や偏見が存在したという事実を重く受け止め、これを教訓として今後に生かすことが必要である」と。全会一致で成立したこの法律により、ハンセン病などの患者に対して国が正式に謝罪する意味をもっていた。

この法律の目的は、感染症の発生の予防と、現に発生した感染症のまん延防止にある（1条）。施策を行うにあたっては、患者等の「人権に配慮」することが求められる（2条）。本法の施行により、伝染病予防法、性病予防法、エイズ予防法という3つの法律が廃止された（附則3条）。「感染症患者は直ちに強制隔離に」という発想で、患者が「強制収容」させられる話は、映画や小説の世界でよく見られた。その根拠となる伝染病予防法が、実は1897（明治30）年に制定されたことはあまり知られていない。文言も古めかしい。「伝染病ノ病原体保有者」は法的に「伝染病患者」とみなされ（2条ノ2）、隔離病舎などに「強制収容」することができた（7条）。この伝染病予防法をはじめとする3法律には、「人権の尊重」という発想が欠如していた。たまたま病気になったが、それが「感染症」だったというだけで、無理やり隔離病棟に収容された。

今では、国内・海外を行き来する人が増えるなかで、誰もが、いつでも感染症

### ➡ ハンセン病

らい菌という細菌に感染することによって引き起こされる慢性の病気。治療が遅れると手足や顔面などに変形などの後遺症を残すことがあり差別の対象となった。現在では稀であるが、万一、感染しても皮膚科等への外来通院で完治できる。

1907年癩予防ニ関スル件、その後の1948年らい予防法は、1996年廃止まで隔離政策を認めるものであった。2001年5月11日、熊本地裁判決は、居住・移転の自由（憲法22条）、「人として当然に持っているはずの人生のありとあらゆる発展可能性」、広く人格権（13条→❶）の侵害とし、国家賠償責任を認めた。

本文の宿泊拒否事件は、その後の2003年のこと。上記判決のいう包括的な「社会の中で平穏に生活する権利」は、2008年ハンセン病問題基本法の前文にも明記された。

なお、法学セミナー723号〔2015〕での、法学入門の特集、上記判決の記事、「パンデミック〔感染症の世界的流行〕と法」の企画も一読をおすすめする。

1948～96年の優生保護法によるハンセン病患者の断種は、1940年国民優生法、ナチスの1933年遺伝子孫防止法に沿革がある。近年、ドイツでは2000年感染防護法と患患の選別（Triage）について尊厳や平等の問題が論じられている。

の患者となる可能性がある。でも、「自分が患者になったらどうなるか」という想像力を働かすことができる人は多くはない。むしろ、自分たちの「安全」のために「危険な患者は一刻も早く隔離せよ」という安易な発想に流れやすい。感染症予防・医療法は、こうした発想を厳しく戒めて「隔離」という語を動物に限ると同時に、「人権を尊重」しつつ、いかに効果的に感染症に対処するかという重く、困難な課題を提起する。法律自体にも改善されるべき点があり、課題も多い。

### ◆「特別権力関係」の例示？

昔の憲法の教科書では、人権総論の章には「特別権力関係」という項目があった。「特別権力関係」とは、特別の公法上の原因によって成立する公権力と国民との特別な法律関係をいう。そこでは、(1)公権力は包括的な支配権をもち、(2)一般国民の有する人権を法律の根拠なしに制限することができ、(3)そこにおける公権力の行為は原則として司法審査に服さない。その具体例として、公務員の勤務関係、国公立大学学生の在学関係、(旧)監獄法に基づく受刑者の在監関係、そして、(旧)伝染病予防法に基づき国公立病院に強制入院させられた患者の在院関係が挙げられていたはずである。特別権力関係論は、国会を唯一の立法機関とし、人権尊重を基本原理とする日本国憲法下では成立しないというのが通説である。無批判にこの理論を語ることはできなくなった。特に、伝染病予防法による強制収容が、特別権力関係論で安易に説明されてきたことは問題だろう。現行の感染症予防・医療法では、患者に対する入院の勧告（19条1項）が先行する。勧告に従わないときに、知事が患者を指定医療機関等に入院させることができる（同3項）。入院期間は72時間以下とし、例外的に協議会を経て10日ごとの延長ができる（同4項、20条）。伝染病予防法では「強制収容」だったのとは異なり、「勧告」後に入院という二段構えになったのは一定の進歩といえる（が、勧告も事実上「命令」とも受けとられる課題がある）。国境を越えた人の交流は、感染症の危険やリスクの増大を伴う。感染症予防・医療法の前文を熟読して、人権論から感染症に向き合うための基本的考え方をあらかじめ学んでおくことは有益だろう。

> **（旧）監獄法、刑事収容施設法、被収容者の憲法上の権利**
> 1908年監獄法は、2006年に改題の改正を経て、2007年に廃止された。2005年、刑事収容施設及び被収容者等の処遇に関する法律が制定された。憲法が18、31、34条などで被収容関係の存在を認めているゆえ、拘禁や戒護など収容目的のため、被収容者の権利は必要最小限制約されるという説が支持されている（無罪推定を受ける未決拘禁者は特に→㉖）。

麻疹で全学休講

2007年5月21～29日、麻疹（はしか）によって早稲田大学は全学休講・出席停止措置をとった。全国の多くの大学も同様の措置をとった。5月23日（水）、いつもは学生であふれるはずの早大キャンパスには、人っ子一人見られない。

2020年4月から、新型コロナウイルス感染症の感染拡大により、早稲田大学はすべての授業がオンラインとなり、この写真と同じ風景が2020年10月の一部対面授業再開まで続いた。

あつい壁

ハンセン病療養施設熊本恵楓園のあつい壁。これは物理的な壁だが、人々の心の壁はさらに厚い。壁に空いた穴は入所者たちによって空けられたもの。小さな穴から遠い故郷に思いをはせていた。

# 14 平等原則の前線
## 女性も戦場へ行った

### ◆ 女性の戦闘職種拡大の意味するもの

　女性であるというだけでいまも立ち入りを制限されている場所として、大相撲の土俵やいくつかの霊峰がある。それぞれに伝統的な理由づけがあるが、「男女共同参画社会」の観点から批判もある。職業という点でいえば、最も「男性的」とされてきた軍隊社会にも、女性の進出が目立つ。女性を拒む最後の一線が軍隊の戦闘職種だった。近年、この戦闘職種に就く女性が増えている。筆者が18歳の時に映画化された小説タイトルをもじれば「ジョニーだけでなく、女性も戦場へ行った」のである。そこでは「就職戦線異状なし」なのか。イラク戦争では、女性兵士の戦死者もでており、2014年末時点で110人に達している。

　軍隊は「強い男」の世界であり、生命の再生産という性役割をもつ女性を保護するため、戦闘職種からの排除が導かれた。だが、近年、ジェンダーの議論が進むなかで、女性の軍隊進出に対するハードルは限りなく下がっている（判例やドイツ基本法改正も含め、水島朝穂「軍隊とジェンダー」愛敬浩二・水島朝穂・諸根貞夫編『現代立憲主義の認識と実践』〔日本評論社、2005〕参照）。

　女性軍人の比率第1位は米軍で2014年に16.3％（翌年に最前線の任務も解禁）。ドイツでは、2001年に志願職種のすべてが女性に開放され、2015年に1万9300人（10％超）がいる。

　日本はどうか。1968年に1500人で発足した女性自衛官は、2014年に1万2958人（5.7％）である。かつて女性は（1）直接戦闘にかかわる職域、（2）戦闘部隊を前線で直接支援する部隊、（3）大きな肉体的負荷を必要とする職域の3つには配置しないという原則が存在した。だが、1986年に男女雇用機会均等法が施行されると、この原則は93年に見直され、全職域が女性に開放された。

　もっとも、男女が完全に同じ任務を果たすわけではない。近接戦闘を遂行する部隊、「粉塵を終日常続的に発散させる場所」で任務を遂行する部隊や化学防護隊などには配置されない。理由は「男女間のプライバシー確保」「経済的効率性」「母性の保護」だという。粉塵や化学剤などを浴び、銃剣で刺突する可能性のある任務は「次世代を産み育てる女性」にはふさわしくない、というわけである。だが、2008年、砲煙・粉塵をたっぷり浴びうる野戦特科部隊（155ミリ榴弾砲）の中隊長（三等陸佐）に女性が初めて就任した。2015年には戦闘機への配置も可能となった。

　女性も戦闘に参加できるようになる。この状況は、平等が前進したと考えていいのだろうか。そもそも平等とは何だろうか。

### ◆ さまざまな平等と合理的区別

　平等にもさまざまな意味がある。まず、①絶対的平等と②相対的平等だ。すべての人をまったく同じに扱えという前者の主張には勢いと魅力があるが、このようなことは現実には不可能であるし、かえって個人の自由を損なうこともあり得る。近代的な平等の考え方は相対的平等を基礎としている。各個人の実際上の差

異を前提にして、法的な扱い方に違いを設けることに合理性がある場合にこれを容認するという考え方である。だが、何をもって「合理的」というかは簡単ではない。合理的かどうかの判断を誰が、どのようにするかで、実際には不合理な差別が定着した例も多い。たとえば、フランス人権宣言（→❿）にいう「人」(homme) も英語の "man" であり、結局「男の権利」だった。妻は法律上無能力者として扱われ、単独で契約などの法律行為はできなかった（1804年フランス民法典）。また、参政権（→㉘）の差別なども多数存在した。その際、男女の「特性」や「役割分担」が「合理的差別」であるとして、これらの立法を正当化していたことは記憶されてよい。

次に平等には、③形式的平等と④実質的平等の区別がある（⑤機会の平等と⑥結果の平等の区別も）。近代の平等観は、形式的平等を旨として、国家は各個人に平等な機会を与えるだけで、実際に存在する不平等に手をつけて、結果の平等まで面倒をみるというものではなかった。これに対して、20世紀になり、経済・社会的に劣位にある者に機会の平等にとどまらず、人たるに値する生存や生活ができるよう、実質的な平等の考え方が有力になっていく。ヴァイマル憲法の豊富な社会権条項（→❿㉒）は、平等をめぐる歴史的転換点となった。日本国憲法はこの傾向を受け継ぎ、4つの社会権条項とともに、平等条項をもつ。

その14条1項は、「すべて国民は、法の下に平等であつて、人種、信条、性別、社会的身分又は門地により、政治的、経済的又は社会的関係において、差別されない」と定める。前段は形式的平等として法のレベルでの取扱の平等を保障し、後段は実質的平等として事実関係のレベルでの取扱の平等を保障したものと解されている。この実質的平等の場合、「等しいものを等しく、異なるものを異なる程度に応じて異なるように扱う」相対的平等が要請される。そこでは、なにがしかの差異が前提とされている。それゆえ、不当な差別は許さないが、「合理的差別」は許容されるということに連動しやすい。もっとも、学説のなかには、「差別」という言葉のもつネガティヴな響きから、「合理的差別」という語を使わず、「合理的区別」（佐藤幸治）や「合理的区分」（浦部法穂）という語を対置する向きもある。

女性自衛官フィギュア

女性自衛官のさまざまなフィギュアまでが部内でも販売されている。第110高射中隊の松戸若葉三曹と小平めぐ陸士長である。

初めての女性参政権

女性参政権が実現した最初の総選挙投票日の風景。女性が並び、イスが野外の臨時託児所になっている（『朝日新聞』1946年4月11日）。

差別－区別－区分とくれば、もう一声、「合理的分別」という手もあるが、ゴミの分別収集を連想してしまう。「合理的区別」あたりが妥当か。

ネーミングはどうあれ、ある法的な取扱いが合理的なものであるか否かが、ここでのポイントとなる。それを判断するヒントは、14条1項後段に求められる。そこには、人種から門地に至るまでの5つの人的特性が列挙されている。「性別」もそこに含まれている。これらの列挙事由は、前段の平等原則を具体化したものとされる。学説は当初、これを単純な例示列挙と解釈していたが、しだいに特定の意味を読みとるようになってきた。たとえば、列挙事由は不合理な扱いの代表例であり、これらによる差別には不合理であるとの推定が働くと解する立場（伊藤正己）や、列挙事由について「やむにやまれざる特別の事情」が証明されない限り、差別として禁止されるという立場（佐藤幸治）などである。

平等問題での違憲審査基準には、立法府の裁量を広く認め、合憲になりやすい「合理性の基準」（立法目的が正当で、手段は目的との間に合理的関連性があれば足りる）と、違憲になりやすい「厳格な審査基準」（立法目的がやむにやまれず、手段が目的達成のため必要不可欠→❶⓼）の2つのほか、その中間に「厳格な合理性の基準」（立法目的が重要で、手段は目的との間に実質的関連性があるか）を設定する説が有力である。女性に雇用上の優先処遇を与えるような立法措置の場合、社会政策立法としての性格が濃厚なため、「合理性の基準」で十分という解釈も成り立つが、「性別」は14条1項後段列挙事由に挙げられており、女性に優先処遇を与える立法であっても、「性別」にかかわる以上、より厳格な審査が必要と考えるべきだろう。一種の積極的差別是正措置（アファーマティブ・アクション）であり、女性を「歴史的に差別を受けてきた集団」と把握することで、女性に優先的な雇用機会を与える積極的措置には「厳格な合理性の基準」の適用が可能であるという見解もある。ただ、アメリカ判例理論を参考にしたこの種の基準設定が、日本の具体的な立法や処分などの審査にあたりどの程度有効に働くか、なお疑問が残る。

### ◆ 雇用機会の平等

女性と雇用という観点からいえば、戦後すぐに制定された労働基準法（→❷❹）は、均等待遇の差別理由に「性別」を挙げておらず（3条）、賃金についてだけ、性別による差別的取扱の禁止を定めていた（4条）。深夜労働の禁止などの女子保護規定も置いていたし、女性は均等待遇の主体というよりも、むしろ保護の対象という面が強かった。だが、女性の社会進出にともない、女子保護規定を逆用した雇用機会の制限の不合理性がさまざまに問われるようになった。

また、結婚退職制や出産退職制、女子若年定年制など、女性であるがゆえの差別に対して、多くの女性たちが訴訟を提起していった。下級裁判所では、これらが公序良俗（民法90条）に違反し無効であるとする裁判例が次々に蓄積されていく。そして、最高裁でも、男女別定年制が不合理な差別であることが確認された（「日産自動車事件」1981年3月24日判決、私人間効力→❾）。

一方、女性の社会進出が進み、国連でも**女性差別撤廃条約**が採択され、日本でもこれが発効する（1985年）。この条約は、「公的生活」から「社会的生活」、さらには「私的生活」に至るまで、男女平等を確保する措置を締約国に義務づけた。そこでは、「性的役割分業」にかかわる慣習や慣行の廃止措置までも要求されていた。

この条約の国内措置という面もある**男女雇用機会均等法**が、1986年4月1日に施行された。内容は、募集・採用といった入口から、配置・昇進・教育訓練・福利厚生といった職場の内部事項、そして定年・退職・解雇という出口に至るまで、女性に対する不合理な差別をなくそうというもの。当初は入口・出口、配置・昇進については企業側の「努力義務」に委ねられており、また「禁止規定」であ

---

➡ **女性差別撤廃条約**
正式名「女子に対するあらゆる形態の差別の撤廃に関する条約」。国際連合総会で、1976年からの「国連婦人の10年」の間、1979年12月18日に採択され、1981年9月3日に発効した。前文と30カ条からなり、政治的・経済的・社会的・文化的・市民的その他のあらゆる分野における男女平等の達成措置を定める。法的のみならず、事実上（慣習上）や、私人相互間の差別も対象とする。こうした差別撤廃義務を締約国に課す。

本文のように、日本でも批准・発効し、国内法の整備も進んだ。たとえば、1984年、国籍法と戸籍法の改正では、男性優先の父系血統主義などの取扱いが改められ、そして、後述の均等法の制定にも至った。もっとも、この条約の選択議定書、すなわち、締約国による条約違反によって被害を受けたとき、国連の女性差別撤廃委員会に対して通報できる個人通報制度（1999年採択）を、日本は批准していない。

➡ **男女雇用機会均等法**
現在の正式名は「雇用の分野における男女の均等な機会及び待遇の確保等に関する法律」。1972年の勤労婦人福祉法が大幅に改正され改名された。33カ条からなる。概要は、本文の通りで、当初ほぼ裁判例を踏襲してきたが、改正を経て強化されてきた。

本文の「間接差別」は、一見して性別以外の中立な要件でも、一方の性に実質的に不平等となり、その要件に業務遂行に必要な合理性がないもの（7条、厚労省令で3事例のみ対象：たとえば、採用等にあたり、「身長170cm以上の者」、2014年から総合職に限らず「転居を伴う転勤に応じることができること」など）。ドイツ・EU法もあわせ、詳しくは西原博史『平等取扱の権利』〔成文堂、2003〕も。

➡ **男女共同参画社会基本法**
1999年6月23日に公布・施行

る教育訓練・福利厚生についても罰則がなかった。「いろいろとがんばりましたが、だめでした」という言い訳の余地を、企業側に与えていたのである。

とりわけ「コース別雇用管理」という裏技が存在した。これは企業側にとって、恰好の「抜け道」として機能した。まず、採用段階で、「総合職」と「一般職」のいずれかのコースを選ばせるもので、銀行や商社などを中心に普及していく。「総合職」を選ぶと、男性と同じ仕事を内容（夜の付き合いを含む）が要求され、転勤もあるかわりに昇進は可能となる。だが、「一般職」の方は補助的業務をこなすだけで、転勤がないかわり、昇進は途中で止まってしまう。現実の日本社会の性的役割分業がそのままの状態で、雇用形態だけが変更されたため、「総合職」を選択した女性たちにはかなりの負担となってあらわれた。

その後、1997年に同法の改正が行われ、募集、採用、配置、昇進などについて従来企業の「努力義務」に委ねられていたものが、「禁止規定」になった。また、厚生労働大臣の勧告に従わない企業名を公表する制裁規定も設けられた。2006年改正では、男女双方に対する差別や間接差別が禁止された。

この法律の制定とともに、労働基準法上の女子保護規定の削除が行われた。残業時間の上限の年間150時間の制限がとれて、午後10時から午前5時までの深夜就業の禁止もなくなった。「雇用機会の拡大」の影で、「過労死の平等」の仕組みができたとの酷評もある。残業の恒常化した日本では、女性も平等に残業できるようになったわけである。

では、自衛隊の戦闘職種への「女性進出」も、男女雇用機会均等法の成果なのだろうか。多くの職場に女性が進出して、そこで「平等」が実現しても、男性を含む企業社会の構造そのものが改善されなければ、結局は「底値安定」ということになってしまう。平等の視点のみを強く押しだせば、何でも平等がよい、ということになる。だが、イラク戦争を経て、「現代では、戦闘行為等によって生命・身体を害されない権利や、戦争への協力を拒否する権利は、女性だけでなく男性にも個人一般にもある」という視点も生まれていることが注目される（→❷も）。

された法律。前文で「日本国憲法に個人の尊重と法の下の平等がうたわれ、男女平等の実現に向けた様々な取組が、国際社会における取組とも連動しつつ、着実に進められてきたが、なお一層の努力が必要とされ」、「男女が、互いにその人権を尊重しつつ責任も分かち合い、性別にかかわりなく、その個性と能力を十分に発揮することができる男女共同参画社会の実現」が緊要な課題とされている。26カ条からなり、3条で「男女の個人としての尊厳」、8条で「国の責務」を定め、「積極的改善措置を含む」とするが、不十分な定義（2条）や本文のアファーマティブ・アクションとのかかわりで課題が残る。

参照、辻村みよ子『ポジティヴ・アクション――「法による平等」の技法』〔岩波新書、2011〕、本章全体にかかわり、同『概説ジェンダーと法――人権論の視点から学ぶ〔第2版〕』〔信山社、2016〕、本章と兵役にかかわり、市川ひろみの一連の研究も。

女性の再婚禁止期間、選択的夫婦別氏、非嫡出子の法定相続分については→㉑で、非嫡出子の国籍取得制限については→㉘で触れている。

M字型カーブ

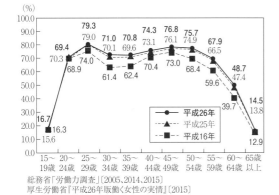

総務省「労働力調査」〔2005、2014、2015〕
厚生労働省『平成26年版働く女性の実情』〔2015〕

女性は子育ての時期に仕事を辞めるため、20代後半から30代が落ち込む。これをM字型カーブという。北欧諸国では現職復帰や社会的支援があるためM字型にならず、なだらかな形になる。

毎年の内閣府『男女共同参画白書』の「主要国における年齢階級別労働力率」を見ても、欧米主要国は落ち込みがなく台形になっている。

外から見た働く日本の女性のイメージ

「職場の花」というタイトルでドイツの高級週刊紙 Die Zeit の1981年11月23日号が日本の働く女性の状況を紹介した。その時の写真がこれである。

# 15 プライバシー権
## 生活調査とIT社会

### ◆ 学生にセックス体験を聞く

「不特定の相手と性関係がありますか」「どのような方法で避妊をすることが多いですか」「同性愛の経験がありますか」等々。1990年代の半ば、ある国立大学が行った「学生生活調査」の質問の一部である。「授業に満足していますか」から下宿でのゴミの処理方法、クレジットカードでのトラブルの有無、歯の治療の状況、交通違反の内容と程度、「人から見られているようで不安ですか」といった「心の悩み」まで、質問項目は145項目。そのうちの18項目がセックスに関するものである。調査の目的はただ1つ。「大学が皆さんの学生生活の実態を知って、現在ならびに将来にむかっての厚生福利業務を充実させるために行うものです」。調査対象は、全学生、院生。表紙には、「プライバシーは厳重に守ります」とある。だが、少人数の学科では、匿名性の確保は怪しい。方法にも問題がある。教員が、「これを記入してから退出するように」と、授業の出欠代わりに使ったところも。人に聞かれたくないこと、知られたくないことをいろいろともっているのが人間である。特に「性」に関する事項は、一般に秘匿性が高い。教員が見守るなかでのアンケート記入は、それに答えない自由を限りなく制約する。厚生施設の充実のためという目的は正当としても、性体験を詳細に聞くという手段の合理性（適合性）と必要性（→⓫の比例原則）があるのだろうか。なお、この調査に対しては学内に批判の声があがり、結局、低い回収率で終わった。

### ◆ 国勢調査の目的は何か

さまざまな調査のなかで最大のものは、国家が法律に基づき、何百億円もの税金を投入して実施する国勢調査である。ラテン語でCensusといい、最初は「戸籍調査」「人別調」と訳された。古代ローマでは、氏名、年齢、妻子、奴隷の氏名・年齢・財産価額が、5年ごとに調査された。これには、兵士になる男子の数や、課税標準となる財産価額を定期的に調査するという行政目的があった。ローマではじめて「センサス」が実施されたのは、紀元前432年である。

日本では、1902年に「国勢調査に関する法律」が制定された。調査項目には、氏名、体性、身上の有様、職業または身分、宗教、読み書きの知識、生国および国籍、常住地、「不具」など。「不具」という身体上の障害まで調査対象に加えたのは、徴兵制とも関連がある。特に1940年の国勢調査は、国家総動員体制を内外にアピールすべく、「国威発揚」的色彩が強かった。

戦後の国勢調査は、統計法によって法的根拠を与えられ、1950年から始まった。全員対象の調査（悉皆調査）で、10年単位の大規模調査（末尾0の年）と、5年単位の簡易調査（末尾5の年）とがある。

### ◆ 国勢調査はどこが問題か

国勢調査にはさまざまな問題がある。

第1に、調査項目の問題である。国勢調査の目的は「公的統計の体系的かつ効

率的な整備及びその有用性の確保を図り、もって国民経済の健全な発展及び国民生活の向上に寄与すること」であり、「人及び世帯に関する全数調査」とされているが（2007年全面改正の統計法1条、5条1項）、調査項目は広範囲に渡る。大規模調査では22項目、簡易調査では17項目である（国勢調査令5条）。そこには、教育（学歴）、家族構成、配偶者の有無など、人によっては「他人に知られたくない情報」も含まれる。1980年の国勢調査では、「結婚年齢と出生児の数」という項目があった。過去に離婚したり、妊娠中絶をしたりした人にとっては不快な質問になり得る。1985年にこの項目は削除された。人口調査という目的に即して調査項目の合理性・必要性が再検討されるべきだろう。

第2に、非協力者に対しては罰則がある。報告義務（法13条）への違反には、50万円以下の罰金が科せられる（法61条）。実際に適用された例はない。

第3に、調査票の目的外利用は禁じられているが（法40条）、総務大臣の承認を得て使用の目的を公示したものには適用がない。調査個票も他の機関がさまざまに利用している。地方集計というシステムを使えば、調査個票の番号・世帯番号などを自由に転記できるので、自治体にある世帯名簿と対照すると氏名が特定できる。調査票の目的外使用の原則禁止を徹底し、例外的に認める場合の基準も厳格にすべきである。

第4に、調査の方法の問題がある。顔見知りの調査員やインターネット回答流出に対する市民の抵抗感は強い。トラブルの大半は調査員との間で起こっている。近年、全戸を対象とした調査が困難になってきた。後述のように人々が**個人情報**に敏感になってきたことや、ロック式玄関をもつマンションの増大などもあって、調査員方式は限界にきている。民間人の調査員方式を抜本的に改め、密封用封筒による提出を原則化すべきだろう。

そもそも調査の基本目的は人口移動調査だが、さまざまな省庁が相乗りして、今日のよう多数項目の調査になった。今後は、全戸調査をとるならば人口移動調査の目的にできるだけしぼって行い、たくさんの調査項目でやりたいならば、サンプル調査に移行していくべきだろう。従来のような国勢調査のやり方は転換点

➡ **個人情報**

民間企業や行政機関が保有する個人情報の適切な取扱いを確保するために、2003年に「個人情報の保護に関する法律」、「行政機関の保有する個人情報の保護に関する法律」、「独立行政法人等の保有する個人情報の保護に関する法律」などが制定された。法律上、「個人情報」は、「生存する個人に関する情報であって、当該情報に含まれる氏名、生年月日その他の記述等により特定の個人を識別することができるもの（他の情報と容易に照合することができ、それにより特定の個人を識別することができることとなるものを含む。）」と定義されている（個人情報保護法2条1項）。個人情報の利用目的の特定、目的外利用の原則禁止、第三者への提供の制限、保有情報の訂正要求、主務大臣による監督権限の行使などが規定されているが、情報流失や不適切利用の事件は、官民ともに後を絶たない。

国勢調査のマスコットキャラクター

1970年の国勢調査の時につくられたキャラクター。センサスとは人口調査という意味である（総務省統計局提供）。

国勢調査関係のグッズ

第1回国勢調査の記念ハガキには神武天皇の絵が使われていた。国家的行事であることが前面に押し出され、「調査に協力しなければ非国民」に近い表現が使われた。

に差しかかっている。

かつてプロイセン統計局長E・エンゲルは、国勢調査の調査項目に、生活上の細々とした事柄を入れた。そのなかに「家計に占める食費の割合」があり、これは後に「エンゲル係数」で有名になる。「国家によるぶしつけな質問」の例といえよう。近年、国勢調査の回答率が下がっているのは、プライバシーや自己情報に対して人々が敏感になってきたことと無関係ではないだろう。

### ◆ プライバシー権をどう理解するか

「プライバシー」という考え方の原点は、19世紀末期のアメリカで定式化された、「ひとりで放っておいてもらう権利」（right to be let alone）にさかのぼる。これは、当初、私法（不法行為法）上の権利としての性格が濃厚だった。憲法上の権利として構成していくには、個人の私生活上の人格的諸利益（特に精神的な静謐さ）がポイントとなった。こうした流れを受けて、日本の判例にもプライバシーが登場するようになる。

最初にプライバシーに言及した裁判例は『宴のあと』事件（東京地判1964年9月28日）である。三島由紀夫の小説でモデルとされた政治家が、性関係を含む私事を描写されたとして三島と出版社を訴えたものである。判決は、「個人の尊厳」が「相互の人格が尊重され、不当な干渉から自我が保護されることによってはじめて確実なものとなる」として、そのためには「正当な理由がなく他人の私事を公開することが許されてはならない」のであって、「いわゆるプライバシー権は私生活をみだりに公開されないという法的保障ないし権利として理解されるから、その侵害に対しては侵害行為の差し止めや精神的苦痛に因る損害賠償請求権が認められる」として、原告の訴えを認めた（内容の私事実性・秘匿性・非公知性の3要件あり）。ここでは、「私生活をみだりに公開されてはならない」という意味でのプライバシーが、「**人格権**に包摂される」とともに、それ自体独立した「一つの権利」として把握されている。これは最も古典的なプライバシー権であり、「静穏のプライバシー権」とも呼ばれる。

プライバシー権の憲法上の根拠は、13条前段の「個人の尊重」に求められるが、その具体的な性格をめぐってはさまざまな議論がある。

「ひとりで放っておいてもらう権利」を(1)の「静穏のプライバシー権」とすれば、このほかに(2)「人格的自律のプライバシー権」と(3)「情報プライバシー権」を導く議論が知られている。ただ、(2)の「人格的自律のプライバシー権」は、堕胎や同性愛者の権利など、親密な私的生活といった自分のことを自分で決める「自己決定権」と重なる。プライバシー権は、結局、(3)の「情報プライバシー権」ないし「自己情報コントロール権」として理解される傾きにある（参照、樋口陽一ほか『注解 憲法 I』〔青林書院、1994〕〔佐藤幸治執筆〕）。

そうはいっても、プライバシー権の核心は、依然として、各人の私的・個人的生活領域への侵害・介入からの自由という点にある。そこで、憲法上の最広義のプライバシー権ないし人格権としては、(1)の古典的な「静穏のプライバシー権」を軸にして、(3)の「情報プライバシー権」、さらには(2)の「人格的自律のプライバシー権」ないし「自己決定権」をも広い意味で含む複合的な性格のものと考えておこう（参照、杉原泰雄編『体系 憲法事典［新版］』〔青林書院、2008〕〔根森健執筆〕）。

### ◆ IT時代のプライバシー権

IT社会といわれる現在、「私生活をみだりに公開されない」といった程度の、古典的・アナログ的権利内容では十分ではない。断片化・細分化され、それ自体一見何の問題もないような個人情報でも、コンピュータ処理されることで、当該

---

**➡ 人格権**

人格にかかわる事項について侵害されてはならない権利をまとめた呼び名。（プライバシー権や自己決定権の内容と重なる点も多いが）ドイツの私法に由来し、基本法（→❸）2条1項「各人の人格性（Persönlichkeit）を自由に展開する権利」としても採り込まれた。日本では、民法710条または憲法13条の解釈に根拠が求められる。このように私法上（私人間）または憲法上（対国家）の人格権があるが、内容は大きく重なりうる。精神的人格権（名誉権、プライバシー権、肖像権、氏名権など）や身体的人格権（生命権、身体権など）の分類もできる。名誉毀損や公害に対し、損害賠償、特に差止を請求するために主張され、認められてきている。

**➡ 前科照会事件　最高裁1981年4月14日判決**

解雇事件に関連し、弁護士会からの照会に応じて京都市中京区が個人（原告）の前科を回答したことが、過失による公権力の違法な行使にあたるとされ、損害賠償を認めた事件（一審請求棄却、二審請求一部認容）。「前科及び犯罪経歴」は「人の名誉、信用に直接にかかわる事項であり、前科等のある者もこれをみだりに公開されないという法律上の保護に値する利益を有する」。本文の補足意見、反対意見もある。民集35巻3号620頁。

**➡ 京都府学連事件　最高裁大法廷1969年12月24日判決**

デモ行進に際し、警察官による犯罪捜査のための写真撮影の適法性が争われた公務執行妨害・傷害事件（一、二審も有罪）。「個人の私生活上の自由の一つとして、何人も、その承諾なしに、みだりにその容ぼう・姿態〔…〕を撮影されない自由を有する」「これを肖像権と称するかどうかは別として、少なくとも、警察官が、正当な理由もないのに、個人の容ぼう等を撮影することは、憲法一三条

個人の全人格におよぶ情報となることもあり得る。

そこで、私生活上の、秘匿を要する情報かどうかを問うまでもなく、個人情報が収集・入力され、蓄積・保存・加工され、提供・発信されるそれぞれの段階で、個人が自己情報の開示や当該情報の訂正・抹消を求め、さらには他への提供の禁止を求めることが必要となる。前述の「情報プライバシー権」あるいは「自己情報コントロール権」説は、こうした状況に対応するものといえよう。

この説は判例にも影響を与えている。たとえば、**前科照会事件**における伊藤正己裁判官の補足意見は、プライバシーを「他人に知られたくない個人の情報」と捉え、個人情報を保管する機関に対して、「プライバシーを侵害しないよう格別に慎重な配慮」を求めている。

2002年に稼働した「住民基本台帳ネットワークシステム」（住基ネット）は、氏名、住所、年齢、性別について、11桁の住民票コードで全国的に一元的に管理され、オンラインで処理されている。

この住基ネットが憲法違反であるとして、各地で訴訟が起こった。下級審のなかには、プライバシー権侵害を理由とする差し止めを認めるものもあり（金沢地裁2005年5月30日判決など）、高裁段階でも違憲性を認めた判決がある（大阪高裁2006年11月30日判決）。最高裁は、違憲判断を含んだ高裁判決を破棄した（2008年3月6日判決）。判決は、憲法13条が「個人の私生活上の自由の一つとして、何人も、個人に関する情報をみだりに第三者に開示又は公表されない自由」を保障しているとしながら（**京都府学連事件**を参照）、住基ネットの本人確認4情報は「秘匿性の高い情報とはいえない」として、住基ネットが上記自由を侵害するものではないと簡単に結論づけた。

この21世紀の時代、個人情報の保護には大きな注目が集まり、また、2016年には**マイナンバー制度**も本格的に始動する。「自己情報コントロール権」ないし「情報プライバシー権」の発想（特に重要な「国家からの自由」の面）は、今後ますます重要なものになっていくだろう。

の趣旨に反し、許されない」と一般論を説き、本件デモ参加者の撮影という手段は、証拠保全の「必要性」「緊急性」、許容される限度をこえない「相当〔性〕」の基準を満たしていると判示した。人格権ないしプライバシー権の一種として肖像権の具体的権利性を認めたものと解されている（「新しい人権」→⓫）。刑集23巻12号1625頁。

### ◦ マイナンバー制度

2013年に制定された「行政手続における特定の個人を識別するための番号の利用等に関する法律」（番号法）に基づいて、2015年から、住民票を有する全ての人（外国人を含む）に、12桁の個人番号、通称「マイナンバー」が通知されている。2016年1月以降に段階的に、マイナンバーは、社会保障・税金・災害対策といった行政手続の際に用いられることになっている。行政機関の保有している個人情報の内容や利用状況をオンラインでチェックすることができるようになる「マイナポータル」の稼働も予定されている。なお、株式会社等の法人（→⓬）には13桁の法人番号が指定され、こちらは個人番号とは異なり公開される。

戦前の国勢調査申告書

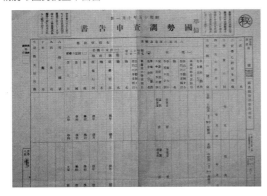

徴兵制の実施に必要な質問項目がある（1940年）。

現在の国勢調査調査票

5年に一度の簡易調査では2015年の調査項目は17項目だった。10年に一度の大規模調査では2000年の調査項目は22項目だった（総務省統計局提供）。2015年から全国でインターネット回収も実施されている。

# 16 思想・良心の自由
## 内申書裁判で問われたこと

### ◆ 中学生にも「全共闘」がいた時代

いまの18歳や若い人には信じられないだろうが、筆者が高校に入学した1969年、「高校紛争」が全国各地の高校で起きた。大学ではヘルメットに「ゲバ棒」の「全共闘」が全学封鎖を行い、機動隊と衝突していた。その影響は高校にも波及し、一部の中学校にまで広がった。千代田区立麹町中学校には、「麹町中全共闘」を名乗る生徒がいた。彼は都立と私立の高校を複数受験したが、すべて不合格となった。内申書は最低評価で、備考欄には、「校内において麹町中全共闘を名乗り〔…〕ビラまきを行った。大学生ML派の集会に参加している」と記載してあったことが、後日判明した。元生徒は、高校不合格の原因は内申書にありとして、区と都を相手どり、国家賠償法に基づき、損害賠償請求訴訟を起こした。

一審判決は、生徒の「学習権」(→❷)を基本とし、教師の教育評価権の枠を外れて「思想、信条のいかんによって生徒を分類評定する」本件内申書作成は違法であるとして、慰謝料請求を認めた（東京地裁1979年3月28日）。しかし、二審判決は、「学習権」を否定し、教育評価権に制限はないとして、控訴を棄却した（東京高裁1982年5月19日）。最高裁は、「学習権」に一切立ち入らずに上告を棄却し、判決理由のなかで、内申書は「思想、信条そのものを記載したものではない」とし、その記載に関連した「外部的行為によっては上告人の思想、信条を了知し得るものではない」と判示した（最高裁1988年7月15日）。

たしかに、「この生徒は左翼思想に共感している」といったような思想・信条をそのまま書かれたわけではない。しかし、「ML〔マルクス・レーニン主義〕派の集会に参加」と明記しており、内申書を受け取った高校側が、そこから、生徒の思想・信条を「了知（はっきりと知ること）」または簡単に推定できてしまう。仮に右翼思想を了知できる内申書でも同じ問題がある。なお、その生徒は、後に衆議院議員や世田谷区長となった。

### ◆ 思想・良心の自由とは何か

内申書裁判で問われたことは、生徒の内心が容易に推知できる「内心書」になっていたのではないかということである。

憲法19条は、「思想及び良心の自由は、これを侵してはならない」と定めている。これは、信教の自由（20条）や表現の自由（21条）など（→❶〜❷）と並び、「精神的自由権」といわれている。「思想」と「良心」を「及び」でつないでいるため、共に心のありようという「内心」の世界にかかわるが、「思想」が論理に基づく一定の体系的な考え方をいうのに対して、「良心」は倫理的ないし道徳的な「善悪」の判断などを指すと理解されている。「良心」の自由は、「信仰選択の自由」という形で狭く捉える説もあるが、20条1項の信仰の自由と同じになるので妥当ではない。「思想・良心」は一体のものとして捉えるべきだろう。

19条が「宗教上の信仰に準ずべき世界観、人生観等個人の人格形成の核心をなすもの」に限定する説もある（信条説）。「人格」を前面に押し出す説と響き合

---

**➡「君が代」職務命令拒否訴訟**

①ピアノ伴奏命令拒否訴訟の最高裁2007年2月27日判決や②起立斉唱命令拒否訴訟の最高裁2011年5月30日判決などでは、「君が代」を負の歴史として評価する教師個人の信念を認めたが、信念と拒否行動を結びつけず、職務命令による内心の「直接」的制約を否定した。ただし、起立斉唱は「一般的、客観的」に見ても「間接」的制約となる面があるとした。だが、「社会一般」〔多数者〕の規範等を重視し、この制約は許されると総合的に判断した。

しかし、①の藤田宙靖裁判官の反対意見は、起立斉唱で「極めて苦痛」を感じる教師個人の思想・良心の自由、それに基づく拒否行動を重視する。そして、「君が代」の評価に「国民の中に大きな分かれ」があり、一方の立場の強制は本人の信念への「直接的抑圧」だという。

③最高裁2012年1月16日判決では、起立拒否した教師のうち2人への停職・減給は重すぎるとした。その手段は「必要」最小限ではなかった。

そもそも職務命令の目的は何か。子どもの教育に「愛」国心や「国旗・国歌」の強制という手段は「合理性」（適合性）と「必要性」（→⓫）があるか。詳しく考えれば、命令に疑問が残るのではないか。

西原博史『良心の自由と子どもたち』〔岩波新書、2006〕、西原・森口千弘「最高裁における良心の自由の意義」Law & Practice 7号〔2013〕など一連の著作、その脚注文献も参照。

うが、人の内面を捉えるアングルも多様である。何が「信仰に準ずる」とか「人格形成の核心」云々かを決めることは難しく、高尚なものに絞りこむ必要はない。よって、心の中を広く保障した条文だと解釈できる（内心説）。

### ◆ 沈黙の自由

「思想・良心の自由」は人の内心にとどまり、外面的活動にまでの広がりをもたないから、絶対的保障を受けるとされる。心の内側にとどまる限り、他人の権利を侵害する抽象的可能性すらないから、と。だが、他者への訴えかけや他者との交流を予定しない、本人限りの思想というものが存在するだろうか。あるとすれば、それは「引きこもりの思想」ということになるのか。

まずもって19条は、人の内面領域の不可侵性を確保しようとしていると考えるべきだろう。それゆえ、全体主義国家の十八番である思想的洗脳教育のようなものは、内面領域への重大な侵害であり許されない。同時に、思想を理由とした不利益な取扱いや差別も許されない。14条は「信条による差別」を禁じているが（→⓮）、過去における思想差別の歴史への反省にたって、19条は思想と良心を重ねて、その不可侵性（「侵してはならない」）を保障したのである。

だが、三菱樹脂事件では、労働者の雇入れ時の思想調査が問われ、最高裁大法廷は「企業者が〔…〕思想、信条を調査し、〔…〕申告を求めること」も許されるとした（1973年12月12日判決、私人間効力の論点→❾）。この判決へは学説から批判が多く、1999年労働省告示141号は思想調査を原則禁止した。

19条は、**沈黙の自由**として外面的活動により内心のありようが推知されることをガードする役回りも期待されている。たとえば、図書館の貸出し履歴を調査すれば、思想傾向はある程度見える。インターネット書店で検索すると、関連する本の案内がメールで届く（2010年、総務省が履歴に基づく広告を容認）。公権力が、個人の外面的活動の情報を収集することにより、思想内容の推知も可能なわけで、19条はそのような形態の思想調査も禁止すると解せる。それゆえ、内申書も、徹底した思想的中立性が確保される必要があるのである。

➠ 沈黙の自由

自己の思想・良心や内面を外面へ公表することを直接または間接に強制されない自由。問題になった例として、（信仰の自由とも重なり）キリスト教徒弾圧の「踏み絵」、政治的な思想統制のための忠誠調査、強制的なアンケート調査、謝罪広告の強制掲載などが挙げられる。プライバシー権や黙秘権ともかかわり、本文のネット履歴調査では通信の秘密（21条2項）もかかわる。→⓯⓱㉖

ゲシュタポ本部の残骸と認識票

1945年5月にソ連軍により完全に破壊されたナチス・ドイツ旧親衛隊（SS）、国家保安部、ゲシュタポ（秘密国家警察）本部跡。レンガはその残骸。1988年5月に作家の小田実氏と一緒にここを訪問した時、記念館の責任者から特別に提供してもらったもの。認識票はゲシュタポのメンバーのもので、裏面に1021番という識別番号が印字されている。特高（→㉖）と並ぶ思想警察の記憶である。

思想が不自由になると…

「見ざる」「言わざる」「聞かざる」の3猿に「せざる」を加えたフィギュア。ドイツで入手したが、ルーツは孔子の思想らしい。それはともかく、自由に「考えざる」よう強いられることによって、他の諸自由の喪失、すなわち、何も見ない、何も言わない、何も聞かないという姿勢を強制される全体国家に対する皮肉がある。

# 17 信教の自由と政教分離
## 何を信じてもいいけれど

### ◆「北海道開拓の村」で

　札幌郊外にある「北海道開拓の村」（設置者・北海道）。道内各地の歴史的建造物52棟が集められ、開拓当時の生活を追体験できるようにしてある。郵便局や新聞社、札幌農学校寄宿舎などに混じって、旧信濃神社（札幌厚別）もそこにある。鳥居やこま犬など、神社にあるものはすべて揃い、もちろん賽銭箱もある。見学者は普通の神社でするように賽銭を投げ込み、柏手を打つ。ところが、賽銭箱のお金の処理をめぐって、北海道議会で問題になったことがある。そもそも神社の御神体は除いてあり、神社の外観だけが展示されているのだが、入場者は神社と思って願をかけ、賽銭を入れたわけである。このお金を「お賽銭」として北海道庁の出納部門が収受すれば、政教分離原則（後述）に違反するというのだ。結局、このお金は「落とし物」として北海道警察がいったん預かり、一定期間経過後に、落とし主があらわれなかった（あらわれるはずもないが）ということで、北海道の収入にしたという経緯がある。その後、「開拓の村」への寄付として扱うとの説明書がつくようになった。旧龍雲寺（札幌篠路）の賽銭箱にも、同じ趣旨の説明書がついている。なお、私は2009年8月にここを訪れた際、子ども2人を連れた母親が、「はい、これを入れてお願いしましょう」と小銭を渡し、3人で手を合わせているのを間近で目撃している。

　賽銭箱にお金を入れ、手を合わせ、何かを祈る。人の心の内側まで、あれこれいうことはできない。彼らがそこを神社や寺と信じてそのような「行為」（お賽銭を入れるなど）をしたことは疑いない。「歴史的建造物であって、宗教施設ではない」として公的機関がそれを公開しているわけだが、そこに宗教とのかかわり合いがまったくないとはいえないだろう。公的機関と宗教との距離は、なかなかやっかいな問題である。憲法は、宗教との関係では、信教の自由と政教分離という2つのアングルからこれと向き合うことになる。

### ◆ 信教の自由とは何か

　第1に、信仰の自由である。心のなかでどんな宗教を信じようとも無宗教でも、また信仰告白をすること・しないことも、国家から一切干渉を受けない。これには、信仰変更の自由を含む。この信仰の自由は、「絶対的」に保障される。

　信仰の自由をめぐっては、殉職自衛官の夫が護国神社に合祀されることは、この自由に対する侵害にあたるとして、クリスチャンの妻が訴えた事件が有名である（自衛官合祀拒否訴訟）。一審判決は「人が自己もしくは親しい者の死について、他人から干渉を受けない静謐の中で宗教上の感情と思考を巡らせ、行為をなすことの利益を宗教上の人格権の一内容としてとらえ」、これを侵害すると判断し、妻の訴えを認めた（山口地裁1979年3月22日）。二審判決もこれを支持したが（広島高裁1982年6月1日）、最高裁大法廷判決は、「合祀」申請に強制の契機はなく、妻の信教の自由を侵害するものではないとして、訴えを退けた（1988年6月1日）。神社（法人）の信教の自由に対し、妻（個人）は「寛容」を強いられた問題がある。

第2に、宗教的行為の自由である。礼拝の自由、宗教上の祝典、儀式、行事を行う自由、布教の自由、そして、自分が望まない宗教的行為を強制されない自由をも含む。ただ、礼拝や布教などは、内心にとどまるものではなく、他人の権利を侵害したり、社会的秩序と衝突したりする可能性がある。信仰の自由のような「絶対的」な保障とまではいかない。

　例を挙げよう。心を病む18歳の若者の平癒祈願を受けた僧侶が、線香護摩のために18歳を縛り上げ、手で殴るなどしながら線香約800束を燃やして咽喉部を火で燻らせたところ、急性心臓麻痺により死亡した事件である。僧侶は傷害致死罪により起訴されたが、信教の自由は絶対的保障を受けるべきであるからとして無罪を主張。最高裁大法廷は、宗教行為として行われたものであっても、他人の生命、身体などに及ぼす違法な有形力の行使にあたるものであり、それは信教の自由の限界を逸脱したものであるとして、傷害致死罪にあたると判決を下した（1963年5月15日）。信仰が外部的行為として現れた場合、それにより他者の権利を侵害した場合には制約を免れないとされている。

　第3に、宗教的結社の自由である。同じ信仰を共有する者が宗教団体を設立し、この団体を運用し、この団体に加入し、または加入しない自由の総称である。宗教法人法12条は、所轄庁（都道府県知事または文科大臣）の「認証」を受けることを宗教法人の要件として定めている。これを得られない場合には、宗教法人を設立することができない。この規定が宗教的結社の自由の侵害にあたるという見解もあるが、ここで問題となるのは「法人格の付与」であって、宗教団体の設立や活動そのものが否定されるわけではない。したがって、宗教法人法は、宗教的結社の自由に直接関係するものではないと理解されている。

　なお、宗教法人が法令に違反して著しく公共の福祉を害すると明らかに認められる行為をしたときは、裁判所はその法人の解散を命令することができる（宗教法人法81条→⓫⓬も関連）。旧オウム真理教は、不特定多数の者を殺害する目的でサリンの製造を企てたという殺人予備行為を理由に解散請求された。一、二審はこの請求を認めた。最高裁は、解散命令の制度は憲法20条1項に違反しないと

→ 日曜授業参観事件
東京地裁 1986 年 3 月 20 日判決
剣道授業拒否事件
最高裁 1996 年 3 月 8 日判決

　ある教会学校へ行くために日曜授業参観日を欠席した児童が、欠席と記録された。その取消しを求めた裁判で、最高裁は、参観授業のほうの利益を重視して、取消しを認めなかった。欠席扱いでも進級・卒業に影響なかった事例である。行集37巻3号347頁。

　ある公立高等専門学校で、剣道の必修授業を信仰の理由から拒否した学生が、退学処分とされた。その取消しを求めた裁判で、最高裁は、拒否の理由は「信仰の核心部分と密接に関連する真しなもの」であるとして、取消しを認めた。必要最小限の他の手段（→⓫）が、他のスポーツやレポート課題などあったといえよう。民集50巻3号469頁。

　日曜授業事件では、信教の自由よりも政教分離（次頁）を重視し、剣道授業事件では、信教の自由を重視したといえる。

　なお、まだ日本では大きな問題となっていないが、欧州では学校でイスラムのスカーフを着用する教師の信仰の自由と宗教的中立性をめぐる裁判の難問がある。

旧信濃神社

毎年9月に宮司や氏子たちが集まって秋の祭礼が行われ、巫女舞いまでやっている。また、同じ場所にある旧浦河公会会堂［教会］では、12月にキリスト教団から牧師がきてミサを行っている。開拓時代を再現する催しということで、観光客も参加した「村祭り」と「村のクリスマス」というのだが、宮司や牧師から入場料をとっているのだろうか。

龍雲寺の注意書き

ここで「さい銭」を入れる人々は、なぜこのような注意書きがあるかをあまり意識していないようである。2009年8月、旧信濃神社の同様のものはリニューアルのため一時撤去されていた。

して、オウム側の特別抗告を棄却した（1996年1月30日決定）。

### ◆ 政教分離とは？

　人が生きていく上で、心のありようというのはとても大切である。超自然的、超人間的「なにものか」の存在を信じ、それに対する畏敬の念から崇拝の気持ちを抱き、それを何らかの形で外にあらわす。あるいはそれを他人に伝えようとするとき、それは自然宗教もあれば、創唱宗教もある。一神教から多神教、汎神教まで、そしてキリスト教、イスラム教、仏教等々、そしてそれぞれがたくさんの宗派に分かれている。「宗教もいろいろ」である。その「いろいろ」というところに意味がある。

　特定の宗教が国家権力と結びついて、他の宗教的少数派（異端や異教として）を弾圧したことは、少し歴史を勉強すれば確認できるだろう。

　日本における最大の宗教弾圧は、徳川時代のキリシタン弾圧である。「踏み絵」を使った信仰の強制的推知は、あまりにも有名である。明治維新の1868年、「祭政一致」が布告され、国家神道が国教の地位を占めることになった。大日本帝国憲法28条は「信教の自由」を保障していたが、「安寧秩序」を妨げず、「臣民の義務」に反しない限り、という条件つきだった。国家神道の信仰を「臣民の義務」と解すると、この憲法のもとで、信教の自由はきわめて限られたものとなった。「汝殺すなかれ」のキリスト教の教えは、兵役の義務にも反することになる。他方、国家神道は国から特権を与えられ、陸・海軍大臣が管理する「靖国神社」という軍事イデオロギー装置となって、戦争へとひた走った。

　戦後、連合国軍総司令部（GHQ）の「神道指令」（1945年12月15日）により、国家神道の基盤は消滅する。日本国憲法20条は、こうした歴史的教訓の上に、信教の自由や政教分離について、実に周到な定め方をしている。

　ヨーロッパでは、カトリック教会と国家との一体化に対して、一部のプロテスタントが政教分離の主張を展開した。もともと政教分離は、国家による宗教団体の支配を排除するだけでなく、宗教団体による国家の支配を排除することも主眼としていた。国家は、個人の「心のあり方」との関係においては、常に中立的なスタンスを維持しなければならない。このような意味から、日本国憲法は3つのアングルから、政教分離原則を具体化している。

　まず、「いかなる宗教団体も、国から特権を受け、又は政治上の権力を行使してはならない」（20条1項後段）という形で、宗教団体の側に国家との距離をとることを要求している。次に、「国及びその機関は、宗教教育その他いかなる宗教的活動もしてはならない」（20条3項）として、今度は国家に対して、宗教および宗教団体と距離をとることを求めている。さらに、「公金その他の公の財産は、宗教上の組織若しくは団体の使用、便益若しくは維持のため〔…〕これを支出し、又はその利用に供してはならない」（89条）として、財政面での制約も課している。この三重の縛りは、厳格な政教分離の原則を採用したということができる。だが、実際の社会生活において、何らかの形で公的機関が宗教とかかわり合いをもつことはあり得る。

　たとえば、宗教団体設置の私立学校が日本でも数多く存在するが、これに対する補助金を禁ずることは、教育の公共性や給付の平等の観点からも妥当ではない。また、サンタクロースの服装で、市役所職員が勤務時間内に保育園などでプレゼントを配る行為も、クリスマスという行事が、宗教的起源をもちつつも限りなく習俗化していることに鑑み、政教分離違反をいうことに実益はないだろう。

　政教分離の問題では、三重県津市が神主を呼んで体育館の起工式で地鎮祭をしたことに対して、市議が政教分離原則違反を主張して訴えた事件が有名である。

---

**●─ 目的・効果基準、レモンテスト、エンドースメントテスト**

　政教分離規定に反するかどうかを判断する違憲審査の基準。本文のように、津地鎮祭最高裁判決は、国家がしてはならない宗教的活動とは、①その「目的」が宗教的意義をもち、②その「効果」が宗教に対する援助・助長・促進または圧迫・干渉等になるような行為であるとの基準を立てた。

　これへの批判が多いのは、レモン対カーツマン米連邦最高裁判決（1971年6月28日）のテストを参考にしたとされながらも、このレモンテストよりも緩やかになっている点である（たとえるなら、カルピスウォーターレモンをさらに水で薄めたもの）。レモンテストでは、国家行為は、①世俗的目的をもつこと、②宗教を振興または抑圧する主な効果がないこと、

一審判決は地鎮祭を「習俗的行事」として訴えを退けたが（津地裁1967年3月16日）、二審判決は地鎮祭が「宗教的活動」にあたり、それに対する公金支出を違法とした（名古屋高裁1971年5月14日）。最高裁大法廷は原告の訴えを退けたが、その際、憲法20条3項で禁止される「宗教的活動」について、「当該行為の目的が宗教的意義をもち、その効果が宗教に対する援助、助長、促進又は圧迫、干渉等になるような行為」という判断枠組を示した（1977年7月13日）。これを「**目的・効果基準**」という。憲法が厳格な政教分離をとったことに対して、この「基準」は、それを緩和・相対化させる機能を果たしてきた。

注目されるのは、この判決のなかで、裁判長を務めた藤林益三最高裁長官ら5人の判事が反対意見を書いていることである。特に長官は「追加反対意見」まで書くこだわりようである。長官は、日本国憲法の政教分離はアメリカ合衆国憲法よりも「更に徹底したもの」で、「世界各国憲法にもその比を見ないほどのもの」と指摘している。「目的・効果基準」が言葉だけで一人歩きしているきらいがあるが、この津地鎮祭最高裁判決の裁判長（長官）までが、判決中で、厳格な政教分離を説いていたことは記憶されていい。

政教分離の問題では、内閣総理大臣の立場での靖国神社参拝がある。中曾根康弘、小泉純一郎、安倍晋三首相の靖国参拝については、在任中に各地で違憲確認のための訴訟が提起された。特に福岡地裁判決（2004年4月7日）や大阪高裁判決（2005年9月30日）においては、内閣総理大臣による参拝により、国が靖国神社を特別に支援している印象を一般人に決定づけた、として違憲であるという判断を示している。実際、小泉首相が靖国神社を参拝した直後、靖国神社を参拝者数が前年比で2倍以上になったというデータによっても、公権力が靖国神社に特別の「助長・促進」を及ぼしたということが指摘されている。

なお、最高裁大法廷は、北海道砂川市が空知太神社に市有地を無償で提供する行為を政教分離原則に反し、違憲と判決を下した（2010年1月20日）。「目的・効果基準」を使わず、ストレートに憲法89条違反（→㊱）を導いた点が注目される。

③国家と宗教の過度の関わり合いを生じさせないこと、3要件を1つでもパスできなければ違憲となる。だが、津地鎮祭最高裁判決は、国家行為は、社会通念（一般多数者の意識）により、①②両方ともパスできないと判断される場合にしか違憲とならない点で緩い。

1990年代のアメリカ判例では、エンドースメントテストという、国家行為は、①目的が宗教を是認または否認するメッセージを伝えないこと、②そうした効果がないこと、2要件を1つでもパスできなければ違憲となる。これは、レモンテストを緩めたとされるものの、国家と宗教の「象徴的結合」が2要件をパスできないと厳しくした連邦最高裁判決もある。

この影響もある、目的・効果基準を厳しくあてはめた愛媛県靖国神社玉串料訴訟の松山地裁（1989年3月17日）と最高裁大法廷（1997年4月2日）の違憲判決も重要である。

逆に、①目的が、世俗的であっても、本文の自衛官合祀訴訟最高裁判決の説いた「士気の高揚」ならば、戦前・戦中と同じく政治による宗教利用であり、目的・効果基準をいう以前に違憲だと批判されうる。

---

「みたま祭」とは何か

一般の神社と異なり、靖国神社の祭神は、国家に殉じた死者の「みたま」である。日本が行った戦争において、国家に忠実に死んだ人だけが祀られている。官軍にたてついた西郷隆盛は含まれない。「みたま」の数は246万6532（2004年10月現在）。今後、日本が戦争をすれば、この数は増殖していく。

政治家たちの献灯

毎年7月の靖国神社の「みたま祭」には政治家の堤灯が献灯されている（2001年撮影）。

# 18 表現の自由と国際人権条約

### ● 市民的及び政治的権利に関する国際条約（国際人権B規約）

国連総会が1966年に採択し、76年に発効した人権に関する基本条約。自由権規約ともいい、社会権規約（A規約）と対をなす。B規約では、人権委員会が報告を審査し斡旋を行う。その選択議定書は、個人の通報制度も認める。第2選択議定書は、死刑廃止を定める。日本は、B規約を留保つきで批准したが、両議定書を批准していない。

### ●（表現）内容規制

伝達される表現の内容そのものに着目した表現の規制（例に、戦争・内乱の煽動、わいせつ表現の制限）。逆に、表現の時・場所・方法についての規制など伝達内容と直接関係しない理由に基づくものを内容中立規制という（例に、街の景観保護のためのビラ貼り制限）。ただし、内容中立規制と見せかけて、実はウラでは内容規制という場合に要注意（例に、ポスティング禁止としつつも反戦ビラだけ投函を禁止）。内容規制は思想抑圧に利用される危険性が強く、厳格な審査基準が求められる。

### ● 厳格な審査基準

違憲審査制（→㉟）で、裁判所が立法の目的と目的達成手段について厳しい審査をするときの目安。たとえば、憲法上の権利を制限する目的がやむにやまれぬかどうか、そのための手段が必要最小限かどうか、審査する。国が合憲の証明責任を負い、違憲になりやすい。規定が「漠然（不明確）」「過度に広汎」ゆえに無効の法理（→⑲）も）、「明白かつ現在の危険」の基

## ◆ ナチス式敬礼

1999年に家族とボンに滞在していたとき、ライン河畔の大きな公園で毎月開かれる「蚤の市」（Flohmarkt）によく行った。いつも橋の下に怪しげな古物商が店を出し、帝政ドイツ時代の骨董品や勲章、鉄兜などを売っている。何回目かに行ったとき、主人は私を奥に呼び寄せ、大きな箱をサッと開けてみせた。ナチスの党員章から記章、旗、親衛隊（SS）指導者の手帳、H・ヒムラー直筆の命令書まである。私が中身を確認している間、主人は周囲に目を光らせていた。

日本では、ナチスの旗や制服などのレプリカならアメ屋横町などでも売っているし、暴走族が鉤十字（ハーケンクロイツ）を掲げて走っても、人々はまゆをひそめるだけだ。刑罰法規に触れることはない。

だが、ドイツでは、それらの行為はいずれも犯罪を構成する。まず、旧ナチス組織の宣伝手段を流布すると3年以下の自由刑または罰金に処せられる（ドイツ刑法典86条1項）。ナチスの表章を公然と集会でまたは文書・録音録画・データ・図画などの表現物で使用した者も同様である。表章とは、旗、記章、制服、合言葉、挨拶の仕方をいう（同86a条1、2項）。「ハイル・ヒットラー」と叫びながら、右手を斜め上方にまっすぐ挙げれば、ただではすまない。

1994、2005年に新設の「民衆煽動罪」（同130条3、4項）はさらに先を行く。「国際刑法典6条1項〔民族虐殺罪〕に示された態様の、ナチズム支配の下で犯された行為を、公共の平穏を害するのに合致した方法で、公然と又は集会において、是認し、事実でないと否定し、又は矮小化した者」は、5年以下の自由刑または罰金に処せられる（犠牲者の尊厳を傷つけるナチス支配の肯定は3年以下）。「アウシュヴィッツのガス室はなかった」と叫べば、「事実でないと否定」する行為にあたる。まさに特定の表現内容や表現行為を処罰するわけだ。背後には、「自由の敵に自由なし」という「たたかう民主制」の考え方がある（→❸）。

日本国憲法は「たたかう民主制」を採用しておらず、特定の政治的表現行為を、それのみをもって禁止・処罰する法規は存在しない。憲法21条の保障範囲も広く、表現内容にわたる規制は厳格な審査基準に服する。「南京虐殺はなかった」という本を出しても、ドイツのように処罰されることはない。言論には言論をもって対処するのが原則である。ただ、国際人権条約には、差別や戦争宣伝などにかかわる表現行為の処罰を求めるものがあり、やっかいな問題を含む。

## ◆ 国際人権条約による表現の自由規制

**国際人権B規約**は、「戦争のためのいかなる宣伝も、法律で禁止する」（20条1項）、「差別、敵意又は暴力の煽動となる国民的、人種的又は宗教的憎悪の唱道は、法律で禁止する」（同2項）と定める。

国家間の武力紛争＝戦争を行う主体は国家である。具体的には、その国の政府である。憲法前文が、「政府の行為によつて再び戦争の惨禍が起ることのないやうにすることを決意し」とするわけである。だとすると、「戦争宣伝禁止法」

の名宛人は誰か。B規約20条は、19条「表現の自由」の後に置かれており、その位置関係から、「戦争宣伝禁止」が人権制約の一形態とされている。具体的には、ある個人（団体）が、戦争を美化・称揚し、政府に対して開戦を積極的に呼びかけたり、要求したりする行為が考えられる。ただ、戦争といっても、征服戦争から制裁戦争、侵略戦争、自衛戦争、さらには「対テロ戦争」まで、いろいろである（→❼㉗）。憲法9条をもつ日本とは異なり、多くの国々は自衛権に基づく国防軍をもち、徴兵制を採用する国もある。だから、法をもって禁止する「戦争宣伝」とは、他国を武力で侵略することを公然と呼びかける行為を指すものと解される。近隣の某国に対して軍事侵攻するよう政府に働きかける署名運動は「戦争宣伝」だろうか。「某国を攻めよ」という主張それ自体も、暴力や脅迫などを伴わない限り、憲法上の表現の自由保障の範囲内に入りうる。これを制限・禁止することは明らかに**表現内容規制**であり、そのような制限立法の合憲性の審査には、**厳格な審査基準**が適用される。

日本国憲法の徹底した平和主義の具体化という観点から戦争宣伝禁止を評価する学説もあるが（小林直樹『憲法講義 上 [新版]』〔東京大学出版会、1981〕）、疑問である。民主的政治過程における表現の自由の重要性に鑑み、仮に外国に対する侵攻を求める政治的主張であったとしても、一律に「戦争宣伝」として禁止することは許されない。「戦争宣伝」とは何かの定義も含めて明確ではない以上、曖昧な基準で表現の自由を制約する立法は、犯罪構成要件の「明確性の原則」（憲法31条）にも反する。日本政府はB規約批准の際、20条に「留保」をつけなかった。「戦争宣伝」処罰のリアリティが乏しかったこともあるだろう。

なお、人種差別撤廃条約4条(a)は「人種的優越又は憎悪に基づく思想のあらゆる流布」を「法律で処罰すべき犯罪」と宣言することを求めている。同条(b)では、「人種差別を助長し及び煽動する団体及び組織的宣伝活動その他すべての宣伝活動」の禁止がうたわれている。日本政府はこの条約に加入するにあたり、憲法21条と抵触しない限度で、これらの規定の義務を履行するという「留保」を行っている（1995年外務省告示674号）。

準（「今そこにある危機」がない限り制限は違憲）もある。これらを用いた違憲判断に日本の最高裁は消極的。二重の基準は㉕、他の基準は⓮も。

◆ **ヘイトスピーチ（憎悪言論）**

特定の民族や宗教への憎悪や差別感情を煽るような表現活動を、ヘイトスピーチと呼ぶ。ヘイトスピーチは、その対象となる集団の社会的な地位を不安定なものにし、集団に属する個人の尊厳を傷つけるために、規制の必要性が論じられている。ヘイトスピーチに刑事罰を科す国は多く、先進国のなかで特に規制に慎重なのは、アメリカや日本など少数である。アメリカでは、人種・宗教的な偏見を動機とした犯罪（ヘイトクライム）は重く処罰されている。

日本では、2016年に罰則なしのヘイトスピーチ対策法が制定された。なお、京都地裁2013年10月7日判決が、朝鮮学校への差別的発言を伴う街宣活動に対して、人種差別撤廃条約で禁止された「人種差別」であることを理由に高額の損害賠償を命じたことが注目される（最高裁2014年12月9日決定で賠償は確定）。

---

ナチスグッズと憲法

極右団体のワッペン、ナチスのバッジのイミテーションなどがネットオークションで公然と売られている。なお、中央下のワッペンのみ、岩国にいた米海兵隊航空部隊のマークでナチスとは無関係。

主な国際人権の年表（採択年）

| | |
|---|---|
| 1948年 | 世界人権宣言 |
| 1950年 | 欧州人権条約 |
| 1965年 | 人種差別撤廃条約 |
| 1966年 | 国際人権規約 |
| 1969年 | 米州人権条約 |
| 1979年 | 女子差別撤廃条約（→⓮） |
| 1981年 | アフリカ人権憲章 |
| 1984年 | 拷問等禁止条約（→㉗） |
| 1989年 | 子どもの権利条約（→㉓） |
| 1997年 | ヒトゲノムと人権に関する世界宣言 |
| 2005年 | 生命倫理と人権に関する世界宣言 |
| 2006年 | 障害者権利条約 |

憲法上の人権もかかわり国際人権法学は発展してきた（芹田健太郎ほか編『講座 国際人権法1～4』〔信山社、2006・2011〕参照）。詳しくは、松井芳郎ほか編『国際人権条約・宣言集 [第3版]』〔東信堂、2005〕など。⓲⓳や報道の自由について深く広くは、駒村圭吾・鈴木秀美編著『表現の自由Ⅰ・Ⅱ』〔尚学社、2011〕、志田陽子『表現者のための憲法入門』〔武蔵野美術大学出版局、2015〕、同編『映画で学ぶ憲法』〔法律文化社、2014〕なども。

# 19 表現の自由と「わいせつ」

◆ 平積みの「わいせつ文書」

「猥褻」という漢字が法の世界から駆逐されて久しい（1995年刑法改正で平仮名化）。「猥褻」を『広辞苑』的に定義すれば、「男女の性に関する事柄を健全な社会風俗に反する態度・方法で取り扱うこと」となる。憲法上、特に表現の自由との関係で問題となるのが、「わいせつ」文書・図画・物の頒布、販売、公然陳列、販売目的所持を処罰する刑法175条である。

この条文が適用された、戦後日本の「三大わいせつ文書」といわれるのが『**チャタレイ夫人の恋人**』（D・H・ロレンス［伊藤整訳］）、『**悪徳の栄え**』（M・d・サド［渋澤龍彦訳］）、『**四畳半襖の下張**』（永井荷風作とされる）である。それぞれ1957年、1969年、1980年に最高裁判決が出され、「わいせつ」文書であることが確認された。『チャタレイ夫人の恋人』は、18歳の時に読んだ。「わいせつ」と認定された箇所は文中に＊（アスタリスク）があり、削除されていた。巻末には＊の箇所の英文が載っていたので、辞書を引きながら、稚拙な翻訳を試みた。当時としては、ささやかな「反権力的行動」だった。

『チャタレイ夫人の恋人』は1996年11月に完全版として復刊され、書店に平積みになった。「発禁から46年、最高裁判決から39年、いま蘇る20世紀最高の性愛文学」「約80ページの削除箇所の完全復活」。帯を参考に書店が手書きで作った広告のインパクトは強烈だった。思わず2冊も買ってしまった。1冊を学生たちに回覧したが、これが「わいせつ」だという者は1人もいなかった。

◆ 「わいせつ」規制の根拠

なぜ「わいせつ」文書は規制されるのか。「チャタレー事件」最高裁判決は、有名な「わいせつ」3要件を提示した。いたずらに性欲を刺激・興奮させること、普通人の性的羞恥心を害すること、善良な性的道義観念に反すること、である。その基礎には、「性行為非公然性の原則」がある。これは、判決によれば、「人間性に由来する羞恥感情の発露」とされ、「わいせつ」文書は「人間の性に関する良心を麻痺させ、理性による制限を度外視し、奔放、無制限に振舞い、性道徳、性秩序を無視することを誘発する危険を包蔵している」というわけだ。そして、何が「わいせつ」に該当するかは、裁判官が「社会通念」に従って判断するという。憲法上重要な人権である表現の自由を内容規制（→⓰）する根拠としては、あまりに抽象的で、荒っぽいといわざるを得ない。

「わいせつ」な表現を規制する根拠としては、(1) 社会の性的秩序ないし性道徳の維持、(2) 性犯罪の防止、(3) 過度の性的興奮の防止（受け手の道徳的堕落など）、(4) 未成年者の保護、見たくない者（わいせつ情報のやりとりと無関係な第三者）の保護などが挙げられる。(1)は抽象的にすぎ、(2)も犯罪防止との因果関係が確実ではない。(3) に至っては、性的感受性は人それぞれであって、過度か、適切か、それとも足りない（?）かは人により異なり、それこそ「大きなお世話」の世界だろう。未成年者保護は規制根拠としては、それなりに支持を受けている。ただ、

---

⇒ 『**チャタレイ夫人の恋人**』最高裁大法廷1957年3月13日判決

翻訳出版社と翻訳者が、わいせつ文書頒布罪に該当するとした有罪判決（一審前者有罪・後者無罪、二審有罪）。本文の3要件、裁判官の「社会通念」（個人でなく「集団意識」）を判断基準とし、性的秩序と最小限度の性道徳の維持が「公共の福祉」（→⓫）として表現の自由を制限した。社会的に注目され、学説から批判も多い。刑集11巻3号997頁。

⇒ 『**悪徳の栄え**』最高裁大法廷1969年10月15日判決

翻訳出版社と翻訳者が、わいせつ物販売罪に該当するとした有罪判決（一審無罪、二審有罪）。「チャタレー事件」判決を踏まえ、「芸術性・思想性」がある文書でも、性描写による刺激を緩和させない限り「わいせつ性」が（文章全体との関連で）あるとした。4人の裁判官の反対意見がある（相対的わいせつ概念や知る権利を用いた）。刑集23巻10号1239頁。

⇒ 『**四畳半襖の下張**』最高裁1980年11月28日判決

掲載誌発行者らが、わいせつ文書販売罪に該当するとした有罪判決（一審有罪、二審有罪）。上記判例を踏まえ、性描写の程度・手法・バランス、「芸術性・思想性」による性的刺激の緩和などの事情を全体として検討し、「わいせつ性」ありとした。刑集34巻6号433頁。

成人の受け手の自由を奪う一律規制にならないことが前提となる。あくまでも「個人の性的自由」（阪本昌成『憲法理論Ⅲ』〔成文堂、1995〕）、あるいは「第三者の利益保護」（長谷部恭男『憲法［第6版］』〔新世社、2014〕）の観点からのみ規制を認めるというのが妥当だろう。

### ◆ ポルノと平等・権利の保障

「わいせつ」と類似した概念として、性的興奮を引き起こす表現物を意味するポルノ（グラフィ）がある。近年のポルノ規制においては、ポルノの被写体の女性や子どもの権利の保障に重点が置かれている。ラディカルなフェミニズムは、ポルノを女性に対する性的虐待または性的差別として捉える（C・マッキノン／A・ドウォーキン［中里見博ほか訳］『ポルノグラフィと性差別』〔青木書店、2002〕）。マッキノンは、ポルノを、表現の自由の問題ではなく、女性を「望まぬ性的モノ化」あるいは「二級の地位」に置く差別行為として、「反ポルノ公民権条例」の立法提案も行っている。公権力による事前規制を目指すものではなく、ポルノによる被害者による損害賠償と差止請求を可能にするものだと意気込むが、表現行為一般に対する事前抑制的な効果を生むのではないかという危惧は払拭できない。ポルノがどんなに「堕落」したものであっても、それから女性一般を保護するという「強力な正当性」を押し出すことで、広く性表現一般に対する「過度に広汎な規制」と過剰な抑止効果が生じないかが危惧されるのである。

児童ポルノ規制の強化は国際的な風潮でもある。日本でも児童ポルノ禁止法は、18歳未満の「児童」との性交等を描写したり、性的部位を強調した全半裸の児童の姿態を描写したりした写真や電磁的記録を意味する「児童ポルノ」の製造や提供、**単純所持**を処罰する。善良な性風俗の維持を目的とする伝統的な「わいせつ」規制とは異なり、「児童の権利の擁護」という規制目的は、表現物に対する強力な規制も肯定しうるものである。その一方で、児童ポルノの定義の曖昧さや広範さ、児童を模した絵やCGまでもが規制の対象として検討されている点など、表現の自由との調整の問題も多く残されている。

> **単純所持罪の創設**
> 1999年制定の児童ポルノ禁止法の2014年改正によって、提供目的の所持だけではなく、自己の性的好奇心を満たす目的での単純所持についても処罰されることになった（1年以下の懲役又は100万円以下の罰金）。所持の目的や態様についての限定や同法2条3項3号の定める「児童ポルノ」の定義によって、処罰には一定の絞りもかけられている。

> **リベンジポルノ防止法**
> 私的に録画された性的な動画や画像が、元交際者や元配偶者によって報復的にインターネットを通じて頒布される事件が多発していることを受けて、2014年「私事性的画像記録の提供等による被害の防止に関する法律」が制定された。

戦前の「わいせつ」取締の実例

『出版警察報』95号（1936年8月）には、風俗を乱す絵画・写真とされた実例がある。内務省警保局の下には特高警察もあったが、図書課は見えないところで検閲を行っていた。この文書の表紙には「厳秘」の印が押してある。

チャタレイ関係の出版物

『チャタレイ夫人の恋人』の翻訳は1999年に彩流社版。2004年にちくま文庫版も出版されている。

# 学問の自由
## なぜ大学の自治は大切なの？

### ◆「学び、問う」への旅立ち

オープンキャンパスで模擬講義をやっている。800人を超える17歳前後の高校生に向かって、大学に入ったら、これまでの「習う」や「教わる」から離陸して、主体的に「学び」、積極的に「問う」ことが求められる、と熱く語る。学問することの醍醐味は、未知のことを発見し、複雑な問題を解決し、新しいことを創造する喜び、楽しさ、そのワクワク感にある。専門を1つの「枠」と考えれば、学際的な研究はいくつもの「枠」が共鳴しあって、文字通りワクワクするわけである。とすると、憲法があえて独立して「学問の自由」を保障するというのはどういうことだろうか。

### ◆ 学問の自由の本質

憲法23条は、「学問の自由は、これを保障する」と定める。思想・良心の自由（19条）や表現の自由（21条）があるのに、なぜ、「学問」に限って特別に条文を置いたのか。あえて23条を置いた狙いは何か。

学問の自由は、(1)学問研究の対象や方法などの選択の自由、(2)学問研究成果の発表の自由、(3)教授（教育）の自由、を内容とする。その担い手は、大学などの研究教育機関に属する研究者であるが、個人一般にもこの自由の保障が及ぶ。

高柳信一『学問の自由』〔岩波書店、1983〕によれば、学問の自由は、第1に、大学・研究機関の設置者（国、地方公共団体、学校法人）からの自由として構成される。私立大学の場合には、設置者たる学校法人による、研究内容などへの介入を免れる自由をも含む。

第2に、専門職能的自由、プロフェッショナル・フリーダムである。研究教育に従事する者の職業倫理と学問研究内在的な責任を伴う自由といえよう。

第3は、これはちょっと難しいが、教育研究の「両面相反価値性（アンビヴァレンス）」ということがある。民衆のためになる学問が、国家にとっては都合の悪いということもあるし、またその逆もありうる。つまり、学問研究というのは役に立つ、ためになるだけでなく、時には「危険」な存在にもなりうる。だからこそ、狭い視野で外から学問研究に介入してそれをやめさせたり、過剰に奨励したりしてはならないのである。この自由には、そうした学問研究のデリケートな性格を確保する側面がある。

近年、先端科学技術の発展は目ざましいものがある。だが、遺伝子技術やクローン実験など、「ヒトの尊厳」との際どい関係にある領域にも踏み込んでいる。そうした先端研究の発展に対しては、法的規制などの国家介入は必要最小限にとどめ、専門研究者集団の自主的判断（ガイドライン方式など）に委ねるなど、学問の自由と他の諸権利との適切な調和を図っていく必要がある。

### ◆ 大学の自治の原点と現点

憲法23条は、明文の定めはないが、「学問の自由」に支えられた「大学の自治」

を制度として保障している。「大学の自治」は、大学の管理・運営が、権力的介入を受けることなく自主的に行われることを柱とする。教員人事の決定権、施設管理の自治権、学生に関する事項（合否判定、成績判定、学位判定、処分など）に関する自主決定権、研究・教育の内容・方法についての自主決定権、予算管理における財政自主権も含まれる。たとえば、人事権については、形式的任命権者（国・法人理事会）の権限を形式化し、実質的決定権を教授会に与えている。

だが現実には、「学問の自由」と「大学の自治」は、時代の荒波のなかで大きく揺らいできたし、いまも大変複雑な状況にある。

戦前、滝川事件や**天皇機関説事件**など、特定の学説と教授に対する露骨な圧迫・干渉が行われた。2006年に米国の公文書館で発見された史料によれば、文部省思想局は、天皇機関説事件の直後、全国の大学法学部に対して圧力をかけ、教授の講義内容や教科書などをチェックし、天皇機関説をとる教授を科目担当者から外したり、教科書を絶版にさせたりしていた（詳しくは下記の文献など）。それは、大学内部の「自主規制」や教授たちの「自発的協力」の形をとったので、一般には気づかれなかった。「学問の自由」と「大学の自治」が崩れていくと、国家や社会がどのように変質していくかを示すものとして教訓がある。

ところで、J・ホイジンガ『ホモ・ルーデンス』〔中公文庫、1973［原典1938］〕によれば、大学とは「遊び」に起源をもち、それは「自由な行動」と「非日常性」（必要・必然からの自由、目的−手段連関の「外」にあること）を不可欠の要素とする。だが、1991年の大学設置基準「大綱化」に始まる「規制緩和」の流れは、2004年の国立大学の独立行政法人化や専門職大学院（法科大学院等）設置、2015年の学校教育法93条改正による学長の権限強化（教授会の権限弱化）、文部科学省の補助金による大学の締め付け（改廃への財政的誘導）など、この間のさまざまな「改革」が大学の研究教育の現場にもたらしたものはいかなるものなのか。本来の大学のあり方の逆を行く、「必要」への従属、「結果」への強迫、「自由な時間」の喪失などの壮大なる負荷なのではないか。憲法で保障された「学問の自由」と「大学の自治」のありようは、きわめて危うい状況にある。

### ➡ 天皇機関説事件

天皇を国家機関とする説は、大日本帝国憲法下の立憲主義的解釈学説の1つ。上杉慎吉らの天皇主権説（臣民は絶対服従）に対し、特に美濃部達吉が唱えた説。これは、ドイツのG・イェリネクの国家法人説、すなわち、国家は1つの団体で法人格（→⓬）を持ち、統治権は国家法人に属し、国家は機関によって行動する、という説に基づく。かつて日本の場合、最高機関は天皇で、他の国家機関（特に国会）の参与を受けながら、統治権を行使する、と説かれた。大正の初めに、上杉と美濃部の論争がなされ、その後しばらく、後者の天皇機関説が学界の通説となった。

しかし、「機関」という用語や統帥権（→❻）の限定などを含め、この説は、1935年、貴族院（→❹）で、「国体破壊」「叛逆思想」「学匪」などと攻撃され、美濃部の著書は発売禁止となった。軍部の圧力により、政府は「国体明徴声明」を出し、美濃部は議員辞職に追いやられ、自身も右翼の襲撃を受けた。同様の学説を唱えた一木喜徳郎（枢密院議長）や金森徳次郎（法制局長官）も失脚。特定の学説の政治的抹殺の事件であった。

『各大学ニ於ケル憲法学説調査ニ関スル文書』〔文部省思想局、1935〕

文部省は、全国の大学の憲法講座から天皇機関説を一掃しようとして、憲法学者の講義内容を受講生を使って調査していた。80年後、国家介入に対する「学問の自由を考える会」のシンポ記録の、広田照幸・石川健治ほか『学問の自由と大学の危機』〔岩波ブックレット、2016〕。水島朝穂「憲法研究者の研究・教育の自由」全国憲法研究会編『日本国憲法の継承と発展』〔三省堂、2015〕も。

ボン大学

ボン大学は、3つのドイツ憲法下で歴史・文化を重ねてきた。日本の大学は、ドイツの大学の伝統の影響も強く受けている。だが、近年、アメリカの市場原理主義の影響もあり、日独でも大学の変化がみられる。社会学者U・ベックは、これを「大学のマクドナルド化」「ファストフードはファストエデュケーションに」と批判する。大学を単なる職業訓練の場にしてはならない。

# なぜ「家族」も憲法の条文にあるの？

◆ 「家庭のない家族の時代」から1世代以上

　1983年に小此木啓吾『家庭のない家族の時代』〔ABC出版、1983〕という本が話題となった。私も発売後すぐに読んで、憲法24条を扱う講義で使ったことを覚えている。互いに無関心で、都合のよい時間に食事をして寝るだけの「ホテル家族」。よい父、よい妻、よい息子などを演技して、理想の家族を演ずる「劇場家族」。危険からの避難所、療養所のようにして、ひたすら身の安全だけを気にして過ごす「サナトリウム家族」。世間と周囲を敵視して、その分、家族内では互いを美化してかばい合う「要塞家族」。家族精神医学者の小此木は、この4類型を提示して、日本社会のなかで、農村から都市へ、大家族から「核家族」への傾きのなかで、家族がどのような変貌を遂げているかを論じていた。

　同書の刊行から1世代以上が経過した。貧しいながらも寄り添うように助け合う家族が、敵意むき出しで殺し合う「激情家族」に。そして、「食事をして寝る」ことにも事欠く「ホームレス家族」さえ生まれている。「家族」のありようの変貌は著しい。

◆ 憲法と家族

　憲法のなかに「家族」という言葉が出てくるのは、24条2項だけである。「何人」、国民、住民、勤労者など、権利の主体（Who）に着目して考えると、24条1項では「両性の合意」により生まれた「夫婦」である。憲法は家族の軸を夫婦に置き、その成立について1項で原則を定め、2項において「家族」に関する法律が従うべき原則を規定している。

　第1項は「婚姻は、両性の合意のみに基いて成立し、夫婦が同等の権利を有することを基本として、相互の協力により、維持されなければならない」と定める。「のみ」という、例外を認めない強い表現が使われているのは、人権条項ではここだけである（他は95条、76条3項、4条1項、前文）。なぜ「のみ」なのか。封建的「家」制度を維持する民法の旧規定のもとでは、婚姻の成立に、戸主の同意を必要とした。親の許さぬ愛は、時に「駆け落ち」から「心中」への悲劇を生んだ。それゆえ、24条1項は、婚姻に対するさまざまな干渉や介入を排して、「婚姻の自由」を保障することになる。成年に達した2人は、その意思の合致さえあれば結婚できる。なお、婚姻は「両性（both sexes）の合意」ということで、異性婚が前提であり、同性婚は想定されていなかった。これを24条が禁じた趣旨はなく、「両」者の「合意のみ」を重視する解釈もある（24条は「両性のみの合意」ではない）。

　ところで、自由な意思の合致で成立した夫婦が「家族」をつくっていくが、24条には「家族の保護」という視点はない。婚姻の自由は保障されたが、かつての封建的「家」制度の否定に重点が置かれたため、ドイツ基本法（→❸）6条のように、家族・母・子の「保護」といった定め方はしていない。

　第2項は、13条の「個人として尊重される」と、14条の平等原則のうちの「性別〔…〕により〔…〕差別されない」を、「個人の尊厳と両性の本質的平等」と

➡ 家　族

　一般的には、婚姻による夫婦を基礎として、親子や近親の血縁者を含む生活共同体。

　近代以前には、長男の家長が支配権をもち、家族員が服従する「家父長制」があった。このイデオロギーに支えられ、大日本国憲法の下でも、民法の旧規定が戸主中心の「家」制度を定め、戸主権に服する「家」の構成員を「家族」と定めていた。

　近代的な日本国憲法24条では、「家族」に関して法律に委ねたが、本文のように、これは「個人の尊厳」「両性の本質的平等」（→❾〜⓫）に立脚しなければならない。

　なお、近現代の流れと逆行し、改憲案のなかには、家族のあり方を憲法で定めるものもあり、過度の国家介入への傾きを含んでいる。

　詳しくは、二宮周平『18歳から考える家族と法』〔法律文化社、2018〕参照。

いう表現に置き換えて、それが家族に関する事柄に貫徹されることを要求する。具体的な場面としては、(1)配偶者の選択、(2)財産権、(3)相続、(4)住居の選定、(5)離婚、(6)婚姻、(7)家族関係の「その他の事項」が挙げられている。「その他」は、養子縁組、親権、後見、扶養、介護など、広範な事項に及ぶ。

### ◆ 家族をめぐる法状況

24条2項が施行されたとき、民法の改正が間に合わなかった。そこで、憲法施行に伴う「民法の応急措置法」が制定され、憲法に抵触する家督相続や戸主権、夫権に関連する条項が停止された。そして、全部改正という形で、民法の親族編と相続編がその年のうちに成立したのである。第4篇（親族）と第5篇（相続）は全面改正のため平仮名になったが、第1～3篇はカタカナ・文語体のままだった。そのため、第3篇の最後の条文である724条（時効・除斥）までと、第4篇725条以降とでは、「条文の空気」がまるで違っていた（2004年に全条文が現代語化）。

では、実際、24条の要求する「個人の尊厳」と「両性の本質的平等」が、家族に関する法律に貫かれているか。必ずしも十分とはいえない状況にある（1996年以降に法制審議会などの民法改正案も反対を受けた）。

たとえば、最高裁大法廷（2013年9月4日決定）は、非嫡出子の法定相続分を嫡出子の2分の1とした民法900条4号但書を憲法14条違反とし、「子にとっては自ら選択ないし修正する余地のない事柄を理由としてその子に不利益を及ぼすことは許されず」、「家族という共同体の中における個人の尊重」を重視した。一方、最高裁大法廷（2015年12月16日判決）は、強制的夫婦同氏となる民法750条を社会に定着しているので合理的として憲法13（氏名権の人格権→❻）・14・24条に違反せず、選択的夫婦別氏の可能性を国会の判断に委ねた（5名の裁判官の反対意見あり）。他方、最高裁大法廷（同日判決）は、女性の再婚禁止期間を定めた民法733条1項の100日超えの部分を過剰な制約として憲法14・24条に違反するとした。なお、2018年民法731条改正で2022年から結婚できる年齢も男女ともに成年18歳以上となる。

憲法普及会編『新しい憲法　明るい生活』(1947年5月3日)

憲法普及パンフには男女平等が具体的に書かれていた。

男女平等を押し出す憲法パンフ

「婚姻は両性の合意のみに基づいて成立」の絵は、ラブラブの当人より背後の両親のためらった表情が印象的だ。

# 生存権
## 朝日訴訟から半世紀のリアリティ

### ◆ 一結核患者の命がけの訴え

　津山城跡（岡山県）近くに西行寺がある。山門から右手に入ると、その左奥に1つの碑が見えてくる。朝日家累代之墓の前。普通の墓石を使った、いたって地味な碑である。側面には、「人間裁判　朝日茂」。正面には、「すべて国民は、健康で文化的な最低限度の生活を営む権利を有する」という憲法25条1項の条文が彫られている。

　朝日茂さんは肺結核で療養していたが、単身・無収入のため生活保護法に基づく医療扶助と生活扶助（月額600円の日用品費）を受けていた。津山市社会福祉事務所長は、35年間も音信不通だった実兄を見つけだし、弟に対して月額1500円の仕送りをするように要請した。生活保護を受ける場合、扶養義務者の扶養が優先されるという規定を「利用」したわけである（生活保護法4条2項）。

　兄はこれを実行したが、福祉事務所長は、朝日さんの生活扶助を打ち切り、仕送り月額1500円から日用品費600円を控除し、さらに残りの900円を医療費の一部として自己負担させるという保護変更決定を下した。朝日さんは、県知事と厚生大臣（当時）に不服申立を行うが、いずれも却下された。1957年8月、朝日さんは、日用品費月額600円という保護基準、それに基づく保護変更決定、不服申立却下の裁決は、憲法25条の理念に基づく生活保護法8条2項（基準・程度の原則）、同3条（最低生活）、5条（解釈・運用）の各規定に違反するとして提訴した。「たとえこのため一つしかない尊いいのちが失われるとしても、権力者の冷酷無情な扱いを許すことはできない」という悲壮な決意に基づく行動だった（長宏編『夜明けを拓く——朝日茂の手記』〔草土文化、1987〕）。

### ◆ 朝日訴訟一審判決の光

　一審では、当時の保護基準額で「健康で文化的な最低限度の生活」を実際に営むことができるかをめぐり、専門家も出廷。当時の最低生活費について証言した。生活扶助支払い額内訳表によれば、月600円の日用品費の中身は、年にパンツ1着、月にちり紙1束、年にタオル2本というものだった。また、療養所の給食の実態などについての現地検証や、朝日さんの病室での臨床尋問も行われた。無名の一患者の訴えは、次第に社会の関心を高め、支援の輪を広げていった。

　一審は、厚生大臣の不服申立却下裁決を取り消した（東京地裁1960年10月19日判決）。判決は、憲法25条を受けた生活保護法3条の「健康で文化的な生活水準」とは、「人間に値する生存」「人間としての生活」といえる程度のもので、その具体的内容は「特定の国における特定の時点においては一応客観的に決定すべきもの」であり、厚生大臣が定めた当時の保護基準はその水準を維持していないと判示。当該保護基準に基づく保護変更も違法と断じた。

　だが、二審は、「健康で文化的な生活水準」は抽象的概念にとどまり、その確定に関する具体的判断は厚生大臣の裁量に委ねられているとして、一審判決を取り消した（東京高裁1963年11月4日判決）。その後、朝日さんの病状は急速に悪化し、

二審判決から3カ月後に死亡した。死亡直前に養子縁組を行っていたため、養子夫妻が相続人として訴訟を続けた。

最高裁大法廷は、生活保護法に基づく保護受給権は一身専属の権利であって相続の対象となり得ず、上告人死亡による訴訟を終了する判決を下した（1967年5月24日判決）。その際、「念のため」として、憲法25条1項が具体的権利規定ではないこと、保護基準は厚生大臣の「専門技術的な裁量」に委ねられることなどを付加した。この判決は、いわゆる**プログラム規定**説と解されることが多い。この「念のため」の蛇足部分が、その後の社会保障関係の判例を呪縛していく。

現在の視点からみれば、最高裁の紋切り型の判断よりも、一審判決のきめ細かい判断が注目される。特に、最低限度の生活水準判定の際の注意事項として挙げた諸点、(1)現実の最低所得層（ボーダーライン層）の生活水準を直ちに「健康で文化的な生活水準」と解してはならないこと、(2)その時々の予算配分に左右されてはならないこと、(3)国民の何人にも全的に保障されねばならないこと、3点は重要である。ここには、25条の精神に沿った生活水準の確定は、行政の自由裁量に任されてはならず、予算配分などをも導くものであることが明らかにされている。最高裁判決が、予算配分や国民感情等の「生活外の要素」を裁量事項にカウントし、25条の規範内容を薄めようとしたのとは対照的に、一審判決は、保護基準設定を厳格な羈束行為としたのである。つまり、裁量の幅は憲法・生活保護法のラインに絞り込まれ、そこからの逸脱は違憲審査の対象となる。この立場を一貫させれば、緊縮財政になったからといって、安易に基準を引き下げることは許されない。半世紀以上前の一審判決は、今日もなお、福祉行政実務のあるべき指導理念を示すものとして、読み返されるに値しよう。

### ◆ 生存権をめぐる学説

朝日訴訟を契機に、生存権の法的性格や内容をめぐる議論が活発化していく。学説は長らく、プログラム規定説、**抽象的権利**説、**具体的権利**説の3つに区分され、さまざま論じられてきた。ただ、抽象的権利か具体的権利かをめぐる「論争」

**⇒ プログラム規定**

Programmvorschrift, -satz とは、（憲）法規定であっても、法的な拘束力をまったくもたず、国家に対する単なる政治的・政策的・道義的な目標・指針・綱領・命題に過ぎない規定。（戦前ドイツの通説として）そう解されたヴァイマル憲法（→⑩）151条「人間〔の尊厳〕に値する生存」に由来する。日本では、「食糧管理法違反事件」最高裁大法廷判決（1948年9月29日）が、プログラム規定説を採用したとされる。

もっとも、戦時統制経済法を戦後の食糧難混乱期に適用した同判決をリーディングケースとすることや、朝日訴訟最高裁判決がプログラム規定説を採用したと読むことにも批判がある。25条（憲法上の、国民の権利、国家の責務）を、プログラム規定と解釈することも、本文のように問題が指摘される（人権ではないが基本権〔1項〕、法的拘束力ある国家目標規定〔2項〕とも解釈できる）。

**⇒ 抽象的権利、具体的権利**

どちらも法的権利ではある。抽象的権利は、憲法の規定だけを根拠に、権利の実現を裁判で請求できない権利（法律による具体化が

朝日茂さんのお墓

上告審の途中の1964年2月14日、朝日茂さんは死亡した。この墓の中で朝日さんは、現代の「格差社会」「無縁社会」の状況をどうみているだろうか。

生活保護受給世帯の推移

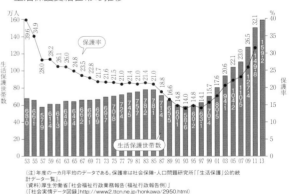

2008年の金融経済危機後、生活保護受給世帯が急増している。2016年1月には、速報値で163万3301世帯、被保護実人員は216万人を超えた。とりわけ高齢者世帯が約半数を占め、失業による受給も増大している。インターネットで読める日本弁護士連合会「Q&A 今、ニッポンの生活保護制度はどうなっているの？〔第2版〕」〔2014〕も調べよう。

必要)。
　具体的権利は、それができる権利(法律による具体化が不要)。

は、具体的効果や実務への影響という点で、隔靴搔痒の感を免れなかった。

　そもそも、表現の自由のように、その優越的地位があるとされ、厳格な審査基準が適用される権利(→⓲)とは異なり、生存権の場合、「法的権利性」(とりわけ裁判規範性→❷)は自明の前提とはされていない。いきおい、政策的考慮が無原則的に流入し、行政の判断でいくらでも伸縮自在なものとなるおそれがある。もはや、憲法25条を「限りなく透明な存在」にしてしまうプログラム規定説は影をひそめ、むしろ、同様の効果を期待できる「立法裁量論」が有力となった。堀木訴訟最高裁判決(1982年7月7日)がその典型である。立法措置が著しく合理性を欠き、裁量の逸脱・濫用が明白である場合を除き、違憲審査は極力控えられる。問題は、いかなる法論理・回路を経由して、立法裁量論の厚い壁を突破するかである。

　学説はプログラム規定説と法的権利説の2つに分岐しうるが、今日、前者の主張者は存在しない。ほとんどが後者の立場から、いかなる訴訟類型において、いかなる審査基準により生存権の裁判規範としての効力を認めるか、いかに立法・行政の判断過程を審査するか、という方向で議論しているように思われる。

　その「工夫」の一例として、憲法25条の「1項2項分離論」があった(社会法学の籾井常喜など)。1項を救貧施策、2項を積極的防貧施策と解し、防貧施策の実施・展開のなかで落ちこぼれた者を、事後的・補足的・個別的に救貧施策で救うというもので、生活保護法と25条1項とを一体的に理解し、同法の解釈から裁量という司法判断の逃げ道を奪うところにあった。しかし、この解釈は文言上無理がある上、堀木訴訟二審判決(1982年7月7日)がこれを「利用」して併給禁止条項を「救貧施策」と決めつけ、まるごと裁量の世界に追い込むという「荒技」を演じてしまったこともあり、現在では支持者は少ない。

　憲法25条論があまり進展せず、判例も立法裁量論に枠内で逡巡している間にも、国民生活は悪化の一途を辿っていく。

### ◆「構造改革」の荒野からの脱却を

　世界金融危機後、人々の生活は一段と悪化している。「構造改革」により、社会のセーフティネットは壊され、傷口は広がり、化膿さえしている。その結果、日本の貧困率は約16%、先進国のワースト3位の状況に陥った(橘木俊詔『格差社会』〔岩波新書、2006〕、OECD2010年調査、厚労省2014年調査など)。食うに事欠くという絶対的貧困層も増大している。生活保護世帯は急増し、2005年はじめて100万世帯を突破した。2015年には約163万世帯(216万人)になった。「ネットカフェ難民」「下流老人」……前史はすでに80年代から始まっていた。

　1980年の第二臨調答申は「日本型福祉国家」なる標語のもと、公的な社会福祉を削減し、個人の「自助努力」や地域社会の「連帯」を通じた「私事化」の方向を打ち出した。これ以降、国の福祉分野からの「転進」(漸次的撤退)が進む。

　そうしたなか、1988年度予算では、生活保護関係費が制度発足後はじめて減額された。福祉事務所の窓口の敷居も高くなった。窓口相談の段階で、扶養の有無や可能性を徹底的に追究する。申請を受理すれば、行政不服審査請求の対象となり、福祉事務所の対応の適否が問われる。申請前にあきらめさせて帰せば、その心配はない。とにかく申請書を出すまでが勝負というわけだ。関係者の間で、これは「水際作戦」と呼ばれる。暴力団関係者が生活保護を受けていたという極端な事例が大々的に報道されるに及び、世論も「不正受給」摘発の方向に急速に傾く。

　こうした世論をバックに、厚生省(当時)は1981年11月、「生活保護の適正実施の推進について」という通知(いわゆる「123号通知」)を出す。これ以降、福祉

➡ **構造改革**
　一般的には、政治・経済・社会の基本構造(structure)を変えることであり、その改革の内容や立場はさまざま。もともとは、1956年にイタリア共産党が唱えた先進資本主義国における革命戦略。本文では、特に小泉純一郎政権下の「聖域なき構造改革」を指す。経済的自由主義に基づく規制緩和、民営化など(「官から民へ」「中央から地方へ」)。この出自は1980、90年代の日米構造協議に遡り、外圧によっても押しつけられてきた。広い意味での憲法・国制・構造(Constitution)も揺るがす変革ともいえる。

事務所の地区担当員（ケースワーカー）の姿勢はますます管理的になっていく。生活保護に対する国の負担金を1割削減し、地方負担を強めたことも拍車をかけた。

生活保護の窓口の敷居はさらに高くなった。真に保護を必要とする人までもが申請を拒まれ、「不快な思いをしたくない」ために「自粛」してしまうというケースも続出した。申請者の抗議自殺や餓死事件もそうした脈絡のなかで起きた「構造的」問題だったのである（詳しくは笹沼弘志『臨床憲法学』〔日本評論社、2014〕なども）。

### ◆ 憲法25条の存在価値

宇沢弘文は、1980年代金満日本を「経済的『繁栄』」は「人間的貧困」をもたらした、と指摘した（『『豊かな社会』の貧しさ』〔岩波書店、1989〕）。バブルとその崩壊を経験した日本では、M・フリードマン礼賛の「規制緩和」の時代を駆け抜けた。市場への信頼と、「自助努力」の奨励、そして「一部は腕前、一部は運」で決まる生活水準。こういう考え方が暴走して「構造改革」となって、医療、福祉分野を中心に惨憺たる荒野を生みだした。そして、高い失業率。この国の社会の深部では、確実に新しいタイプの貧困化が進んでいる。25条のいう「健康で文化的な最低限度の生活」を営むことのできない人々が大量に生まれている。

2008年、派遣切り（→❷）によって職を失った人などが日比谷公園の「年越し派遣村」に集まった。弁護士などが相談に応じて、生活保護の申請を援助した。だが、生活保護を真に必要とする人々に保護が行き渡らないという問題がある。予算削減のなか、北九州をはじめ惨憺たる実務の現場がある。小泉内閣以降、「骨太の方針」のもと、財政上の理由から、年間2200億円もの福祉予算が削減されて、「現場」は惨憺たるありさまとなった。生活保護の老齢加算・母子加算までもが廃止されたが、2009年の民主党などへの政権交代により母子加算は12月に復活した。老齢加算廃止の違憲訴訟では、行政の判断過程や考慮要素の審査が甘く、訴えは退けられた（最高裁2014年10月26日判決など）。そうしたいま、朝日訴訟の一審判決で指摘された、「（生存権は）その時々の国の予算の配分によって左右さるべきものではない」という視点は、改めて重要な意味をもってきている。

「箱入り男たちの国で」

新宿駅のダンボールに住むホームレスの老人。『ベルリン新聞』1997年4月5/6日が「箱入り男たちの国で」という見出しで、日本の貧困問題を報じた。新宿駅に多くのホームレスの住んだ「ダンボール村」である。宇沢・上掲書のように「『豊かな国』（Reich）の貧しさ」とも読める。暉峻淑子『豊かさとは何か』〔岩波新書、1989〕の主題を、この国は読み誤ったといえる。

後期高齢者医療被保険者証

第3次小泉改造内閣が提出して成立した2006年健康保険法改正、2008年高齢者医療確保法に基づく。2009年、この後期高齢者医療制度の廃止法案を出した民主党・社民党・国民新党の連立政権ができたが、妥協され、2012年の自民党・公明党の連立政権の安倍内閣で、この制度は存続している。

# 23 教育を受ける権利
## 子どもの視点から

### ◆ 子どもの権利条約から四半世紀

「ベルリンの壁」崩壊と同じ1989年11月、国連総会で**子どもの権利条約**が採択された（1990年発効）。1789年フランス人権宣言（→❿）の「人」（homme, man）の権利が、「フランス本国の成人男性の権利」だったのに対して、長い時間をかけて、植民地が解放され、男女を問わず、18歳未満の子どもを含むすべての人の権利となったわけである。

子どもの権利条約28条は「教育についての権利」を定める。初等教育の無償化から「中途退学率の減少」の奨励に至るまで、実に詳細である。同29条は「教育の目的」の1つとして、子どもの「人格、才能並びに精神的及び身体的な能力をその可能な最大限度まで発達させること」をトップに掲げる。

### ◆ 教育を受ける権利とは？

もともと教育の問題は「機会均等」、いわば「平等」に重心が置かれてきた。憲法26条1項は、「すべて国民は、法律の定めるところにより、その能力に応じて、ひとしく教育を受ける権利を有する」と定める。25条（生存権）と27条（勤労の権利）との中間にあるという条文上の位置関係からして、社会権的な意味合いをもつことは否めない。「ひとしく」という表現が使われていることからも、「平等」の観点は明確である。財産権とならんで、その内容を、憲法自身が「法律の定めるところに」委ねている点も無視できない。さらに、26条2項は、「すべて国民は、法律の定めるところにより、その保護する子女に普通教育を受けさせる義務を負ふ。義務教育は、これを無償とする」と定める。義務教育の無償化は税金を使って行われる施策であり、社会権的な性格をもつ。

社会権についても詳細な規定を置く1919年ヴァイマル憲法（→❿）は、子どもの教育について、「両親の最高の義務であり、かつ自然権であって、この権利・義務の実行については、国家共同体がこれを監督する」（120条）と定め、第4章「教育及び学校」で9ヵ条もあてていた。

なお、公立学校への子どもの受け入れについては、「親の経済的及び社会的な地位〔…〕ではなく、その子どもの素質及び性向を基準とする」と定め、「資力の乏しい者」の進学について国・州・市町村が公的資金を提供して学費を援助することなどを定めていた（146条）。私立学校は、「親の資産状態による生徒の差別が促進されない場合に」、国はこれを認可すると定め、特に「教員の経済的及び法的地位が十分に確保されていない場合には」認可を与えないとしていた（147条）。公立学校の教育は、「考え方を異にする者たちの感情が損なわれないよう」な配慮が求められていた点も見逃せない（148条）。

戦後1949年ドイツ基本法（→❸）も、親が子どもを教育する権利・義務（6条2項）について定める。私立学校の設立も、「親の資産状況による生徒の選別が促進されない場合に」認められる（7条4項）。

ただ、これらの憲法の場合、教育の義務性と権利性は親に対して向けられ、そ

---

→ **子どもの権利条約**

本文のように国際連合総会による「児童の権利に関する条約」（日本では1994年4月批准・5月発効、2015年現在、アメリカを除く国連加盟国196ヵ国が締約国）。1959年「児童の権利に関する宣言」を条約化し、法的に権利を発展させ、締約国の義務を規定した点が注目される。前文と54ヵ条からなる。この条約での「児童」は「18歳未満のすべての者」をいう（1条）。

なお、日本の学校教育法のいう「児童」は小学生を意味する（「幼児」は幼稚園児、「生徒」は中学生・高校生、「学生」は大学生・高専生）。児童福祉法・児童ポルノ禁止法は18歳未満を対象とする（→⓳㉔）。教育格差や貧困もかかわる（→㉒も）。

この条約や教育基本法なども含めて、荒牧重人ほか編『新基本法コンメンタール 教育関係法』〔日本評論社、2015〕、西原博史・斎藤一久編『教職課程のための憲法入門［第2版］』〔弘文堂、2019〕なども。

こに国が当然コミットしてくる。日本国憲法のような「教育を受ける権利」という形で、子どもに軸足を置いた権利性は必ずしも明確ではない。

そこで、憲法26条の「教育を受ける権利」の法的性格をどうみるか、である。学説上、生存説、公民権（主権者教育権）説、学習権説がある。生存権説が、社会権的側面に重点を置いて構成するのに対して、公民権説は、主権者形成という側面から、主権者形成に資する教育内容を要求しうる権利と解する。学習権説は、子どもの文化的生存・発達の権利としての学習権を基本に据える。この説は、判例にも影響を与えた。たとえば、旭川学力テスト事件の最高裁大法廷判決（1976年5月21日）は、教育を受ける権利を「国民各自が、一個の人間として、また、一市民として、成長、発達し、自己の人格を完成、実現するために必要な学習をする固有の権利を有する」として、とりわけ「子どもは、その学習要求を充足するための教育を自己に施すことを大人一般に対して要求する権利を有する」ことを確認している点が重要である。

### ◆ 教育の自由の意義

ヨーロッパでは、教育の問題はもともと親・家庭の問題であり、とりわけいかなる宗教教育を子どもに行うかが重要になる。フランスに公教育違憲論があるのもそういう事情による。だが、日本においては、公権力が教育内容に介入・干渉することに対して、親や教師の「教育の自由」が主張される。そして、形式上は一般の法律である**教育基本法**が、憲法26条を具体化する「準憲法的法律」（有倉遼吉）として位置づけられ、公権力の教育への介入の場面を制約する機能を果たしてきた。憲法学では、「機会均等」の問題よりも、むしろ「教育の自由」の問題がクローズアップされている。「日の丸・君が代」（→❶）や教科書検定などに見られる教育内容への介入や統制といかに向き合うか。教育基本法が改定され、かつては公権力も「不当な支配」の対象となったものが、改定によって対象から外される傾きへ事情は大きく変化した。それに対する「教育の自由」の今日的意義はますます高まっているといえよう。

### ➡ 教育基本法

憲法の公布と施行の間、1947年3月31日に公布・施行され、2006年12月22日に全面改正された法律。最初の基本法（枠組法）。前文に「日本国憲法の精神」や「民主的で文化的な国家〔…〕世界の平和と人類の福祉〔…〕の理想」を掲げる。また、戦前の教育勅語や全体主義教育の反省から、憲法13条と同様の「個人の尊厳」が明記され、さらに「人格の完成」を目指している（前文、1条）。

旧法と新法の大きな違いを1、2点挙げれば、まず「道徳心」「公共の精神」「伝統と文化」や「我が国と郷土を愛する」ことなど特定の価値観が新たに明記・強調された点である（新2条）。また、「教育は、不当な支配に服することなく」の後に、「法律の定めるところにより行われるべき」と新たに挿入された点である（旧10条→新16条）。それゆえ、国家による「不当な支配」からの自由が薄まり、国家によって「法律」の根拠さえあれば介入される危うさが増した（本文の指摘や旭川学テ最高裁判決も参照）。「個人の尊厳」に基づく解釈や再改正の争点は残る。

教科書検定

2007年、検定により沖縄戦の「集団自決」をめぐる記述から日本軍の強制性が弱められたことに対し、沖縄県民が強く反発した。同年9月29日の県民大会の様子を伝える『沖縄タイムス』『琉球新報』号外。

公的な教育費の割合が最低ランク

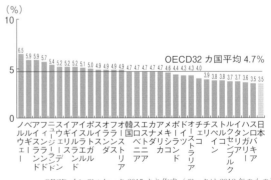

OECDインディケータ2015より作成（データは2012年のもの）

GDPに占める教育機関への公的支出の割合は、OECD平均4.7%に対し、日本3.5%。比較可能な32カ国で6年連続の最下位。UNESCO142カ国では123位。文部科学省も、「教育の位置づけは相対的に低いものと言わざるを得ない」と書き、国や地方の財政状況の悪化が、教育条件の低下や地域間の教育格差につながることを認めていた（『文部科学時報』2010年4月号）。

# 勤労権と労働基本権
## 「格差社会」での現代的意味

### ◆「格差社会」の風景

クリスマスに届いたドイツの週刊誌『シュピーゲル』(2007年12月17日号)の表紙の絵は不気味だった。上の方だけ華やかなデコレーションで飾られ、真ん中から下は立ち枯れているクリスマスツリー。最低賃金と超高収入の間で「巨大な溝」が生まれている実態を分析した特集号である。

ドイツも極端な「格差社会」になっていることへの危機感は大きい。1人あたり所得の変化をみると、平均所得は横ばいなのに、上位層は増加し、他方、下位層は下がっている。ドイツでも、豊かな人々はどこまでも豊かに、貧しい人々はどこまでも貧しく、という「格差社会」の典型的兆候があらわれている。この傾向は2000年からはじまり、2003年から劇的に変化している。新自由主義的な「改革」の結果である。パート労働などの不正規雇用が90年代半ばから急増するなど、労働(雇用)関係の激変も背景にはある。

日本も同様である。「はたらけど はたらけど 猶わが生活 楽にならざり ぢっと手を見る」。石川啄木の詩のような状況が進行している。2007年には「ネットカフェ難民」や「**ワーキングプア**」という言葉が定着し、2008年には「**派遣切り**」が大きな社会問題となった。

### ◆ 勤労の権利の意味

20世紀になって、公権力が私的自治に介入し、労働契約の内容的基準まで法律で定めるなど、労働関係の法化(労働法)が進んだ。その「元祖」は、151条から165条まで詳細な社会権規定をもつ、ヴァイマル憲法である(→❿㉒)。戦後のドイツ基本法は(→❸)、ヴァイマル憲法との微妙な距離感を保ち、社会権規定を置かなかった。だが、日本国憲法は、生存権条項をもつと同時に、「勤労」と「勤労者」の権利をそれぞれ27、28条ではっきりと定めている。

日本国憲法27条は、「勤労の権利(勤労権)」(right to work)と「**勤労の義務**」(obligation to work)を定めている。1項「すべて国民は、勤労の権利を有し、義務を負ふ」、2項「賃金、就業時間、休息その他の勤労条件に関する基準は、法律でこれを定める」、3項「児童は、これを酷使してはならない」。働く権利というのは、その自由権的側面は職業選択の自由(22条1項→㉕)で保障されているので、むしろ社会権的側面が重要といえる。具体的には、労働の機会(就労)を求める権利である。この権利は、正当な理由のない解雇を制限する効果をもつという説、これに失業給付を求める失業者の権利、さらには、職業紹介や職業訓練まで権利内容に含むという説もある。ただ、2項で賃金などの勤労条件法定主義をとっていることから、具体的内容は立法に委ねられる面は否定できない。

ところで、ヴァイマル憲法163条から労働について3つの原則が読みとれる。「人身の自由」「労働の義務」「労働に対する権利」である。「労働の義務」は倫理的な義務であって、法的な義務ではないとされた。問題は「労働に対する権利」であるが、これも「雇用に対する権利」を定めたものではなく、「労働によって自

---

**ワーキングプア**
「働く貧困者」(working poor)。政府など明確な公式定義はないが、一般的に、日米などの先進資本主義国で、懸命に働いても最低限の生活の維持が困難な、または、生活保護の受給水準にも満たない収入しか得られない就労者(の社会層)。米国では、労働力人口のうちの貧困状態(公的な貧困ライン未満)にある者ともいわれる。失業問題ではなく労働問題とされる。1990年代以降のグローバル化、デフレ、規制緩和などの流れで、企業の人件費などコスト削減が主な原因とされる。正社員の賃金水準の抑制、賃金水準の低いアルバイト、パートタイム労働者、契約社員、派遣社員などの非正規雇用の増加による。

**労働者派遣切り**
「労働者派遣」とは、事業主=派遣元が「自己の雇用する労働者を、〔派遣元のために労働させるのではなく〕当該雇用関係の下に、かつ、他人〔他の事業主=派遣先〕の指揮命令を受けて、当該他人のために労働に従事させること」。「派遣労働者」とは、「事業主が雇用する労働者であつて、労働者派遣の対象となるもの」(労働者派遣法2条)。この雇用の一形態の労働者は、一般に「派遣社員」と呼ばれる。正規雇用(正社員)よりも保護に乏しい。特に、2008年の金融危機に始まる不況下で、自動車・家電メーカーなど派遣先事業主による派遣契約の打ち切りによる派遣労働者の解雇が、「派遣切り」と呼ばれた。2015年改正により、企業は3年ごとに派遣労働者を代えれば使い続けることが可能になり、労働者派遣が臨時を原則としたことが大きく変わりうる問題点などが指摘されてい

らの経済的な生計をたてる可能性のために、雇用機会の斡旋が行われる」よう、国家に対して客観法的な委任が行われていた。詳細は法律に委ねられていた（Ch・グズィ［原田武夫訳］『ヴァイマール憲法』〔風行社、2002［原典1997］〕）。簡単にいえば、「労働に対する権利」は、これが実現されないとき裁判所に訴えて実現をはかれるような権利とは理解されていなかった。

日本国憲法27条2項で特に挙げられた賃金、就業時間、休息の3つは、歴史的にも、低賃金と長時間労働、休息なしが労働条件悪化の最大のものであり、憲法は3つを列挙して注意を喚起したものといえる。これに基づき、労働基準法（1947年）が制定されている。

労働条件は、「人たるに値する生活」に必要な条件をクリアしなければならず（労基法1条）、労働条件の決定（2条）、均等待遇（3条）、男女同一賃金（4条）、強制労働禁止（5条）、中間搾取の禁止（6条）、公民権行使の保障（7条）という「労働7原則」からなる。さらに、具体的な分野や問題について、最低賃金法、労働安全衛生法、労災保険法、雇用対策法、雇用保険法、パート労働法なども制定されている。男女雇用機会均等法（→⓮）や育児介休業法など、憲法27条の保障の内容と広がりをみせている。新しい議論では、27条が保障する適正な労働条件には、煙草の煙から免れた職場、セクハラのない職場環境なども含むということになるのだろう。

なお、労働条件が基準通りに行われているかどうかを監督するため、厚生労働省の管轄下に、各都道府県に労働基準局と労働基準監督署が置かれている。

### ◆ 児童酷使の禁止

27条3項は児童酷使の禁止であるが、本来これは2項の保障内容に含まれているともいえる。だが、憲法があえて3項を新たに起こしたのは、過去に児童を酷使する悲惨な現実があり、児童保護が十分でなかったことへの反省が込められている。具体化した法律としては、児童福祉法（1947年）がある。その禁止行為のなかには、児童（18歳未満）に午後10時から午前3時までの間、物品の販売な

る。

いわゆる「ブラック労働」については、労働法に基づく国の監督が課題となっている。憲法18条の「奴隷的拘束」「意に反する苦役」の禁止の問題にもなる。

他の労働法の基本についても、道幸哲也・加藤智章編『18歳から考えるワークルール［第2版］』〔法律文化社、2018〕など。

### ➡ 勤労の義務

勤労する能力等のある者は勤労によって自らの生活を維持すべきとされること。しかし、憲法27条は、通説では、厳密な法的義務とは解されていない。国家が国民に労働を強制したり、勤労しない所得生活を制裁・禁止したりする法的効果はない。この点で、一般に3大義務と呼ばれる他の2つ「普通教育を受けさせる義務」（26条）「納税の義務」（30条）と異なる（なお、大日本帝国憲法20条は「兵役の義務」）。ただし、勤労する能力等があるのに勤労しない者に対してまで、国家は生存権を保障する義務（生活保護法などの社会的な給付義務）を負わない効果を指摘する説もある。

義務について注意すべき点は、

週刊誌『シュピーゲル』（2007年12月17日号）

クリスマスツリーの上と下の対比で「格差社会」を象徴。
社会保障が充実していたドイツでも、2002年頃から社会扶助改革や労働改革がすすんだ。ハルツ4法により就労能力がある生活保護受給者は失業者にカウントされるようになり、さまざまな手当が削減された。

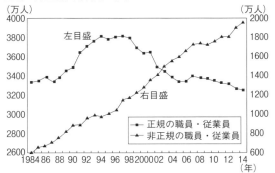

正規・非正規雇用者数の推移

出所：2001年以前は「労働力調査特別調査」
2002年以降は「労働力調査詳細集計」

1985年の労働者派遣法制定以来、非正規雇用は増大していく。特に99年改正（適用業務拡大）、2003年改正（製造業を解禁）で一気に増えていく様子がわかる。2015年改正（前頁の用語）では、いかなる影響を及ぼすであろうか。

そもそも立憲主義的な憲法典は、個人に義務を課すものではなく、個人の権利を保障する権利章典の性格をもつ点である。具体的な義務を課すには、憲法ではなく法律が必要となる。なお、2012年自民党憲法改正草案は国民の義務をおよそ10に増やす。立憲主義的ではない社会主義国や独裁国家の憲法に国民の義務は多い（中国は11、北朝鮮は8→❷❸も関連）。

どを業務としてさせる行為が含まれている（34条）。労働基準法は最低年齢を定めている（56条）。15歳を基準にしているが、基本的に義務教育の間は制限するという趣旨である。映画の子役などで13歳未満の子どもを使う場合などを想定して細かな規定を置いている。児童の就労について、事業場に「年少者の証明書」を備えることも義務づけている（57条）。

なお、1994年以降、日本は国連の「子どもの権利条約」（→❷❸）に加入し、そこでは「経済的搾取・有害労働からの保護」が具体的に定められている（32条）。

経済危機後に、日本は「子どもの貧困率」が悪化している（阿部彩『子どもの貧困』『子どもの貧困Ⅱ』〔岩波新書、2008、2014〕）。児童酷使が戦争直後または途上国の話ではなく、まさに現代日本において、リアリティをもってくるだろう。

### ◆ 団結権の現代的意義

憲法28条は、主体が「国民」ではなく、「勤労者」（workers）になっている。「勤労者の団結する権利及び団体交渉その他の団体行動をする権利は、これを保障する」。これは、「労働基本権」、とりわけ「労働三権」（団結権、団体交渉権、団体行動権〔争議権〕）と呼ばれている。

28条が保障する労働基本権には、2つの側面がある。1つは、これらの権利を行使したことに対して、刑事罰を受けない自由という面である。とりわけ争議行為は、労働を放棄して、使用者に損害を与える行為だから、刑法の不退去罪や強要罪に触れるスレスレの行動も伴う。しかし、正当な争議行為の場合は、刑事罰を受けない。刑事免責である。これはいわば自由権的な側面である。

もう1つの側面では、使用者に対して契約通りに働かず、職場放棄をしたりするわけだから、解雇や損害賠償の対象となりうる。だが、正当な争議行為に対しては解雇や損害賠償はできず、民事責任を問えない。民事免責である。これは、私人間の契約関係に公権力が介入して、一定の行為に対して解雇や損害賠償を認めないようにするという点で、「国家による」社会権的な側面といえる。

さらに、不当労働行為制度に見られるように、正当な労働基本権行使に対して使用者がこれを妨害・侵害した場合には、国（労働委員会）が介入してこれを是正する行政救済の仕組みがある。これも28条の社会権的側面といえる。ただ、前2者と同じように、これを28条の要請とするかどうかについては議論がある。

団結権は、実態的には、労働者が労働組合を結成する権利である。憲法21条の結社の自由との関係はどうか。21条は、「結社しない自由」も含むが、28条の場合は、労働者が組合に参加しない自由を制限できるところに特徴がある。団結権は使用者との対抗関係のなかで、労働者の立場を強めるという意味をもつので、何らかの形での加入強制（クローズドショップ制やユニオンショップ制）や内部統制権などは合憲とされている。

近年、労働組合の組織率は低落の一途をたどっている。逆に、「格差社会」の進展のなかで、働く者の自発的でゆるやかな団結を求める動きもある。

厚生労働省の「労働組合基礎調査」（2009年）によると、労組の推定組織率は、18.5%となり、1975年以来34年ぶりに上昇した。非正規労働者の組合員が大幅に増えたことが要因という（『毎日新聞』2009年12月11日付）。だが、同調査（2015年）では、17.4%となり、過去最低を更新した。これからは、産業別の大きな組合の発想でなく、「働く個人が団結する権利」として、28条の権利を再構成していく必要があるだろう。

### ◆ 団体交渉権とストライキ権

団体交渉権は、労働者が組合の代表を通じて、労働条件について使用者と交渉

する権利である。働く者は1人では弱い。それが組合を作ることで、経営者と対等に交渉することができる。たとえば、2004年にプロ野球の球団合併問題が起きた時、「たかが選手」とジャイアンツの渡辺恒雄オーナー（当時）は口走ったが、東京都地方労働委員会で労働組合としての資格認定を受けたプロ野球選手会を「たかが選手会」と無視することはできなかった。団体交渉に応じなければ、不当労働行為となる（労働組合法7条2項）。「たかが」という侮辱的態度で臨めば、団交誠実応諾義務違反となる。1人ひとりの選手の声は小さくても、自らの権利を守るために団結したとき、それは法的に保障された「力」となる。ストライク（strike）を狙う投手までがストライキ（strike）に参加するという事態が起きた。28条が保障する団体行動権としての争議権（ストライキ権：スト権）である。この時、「ストの被害に対して損害賠償を求める」といった声が経営側から出たが、正当なストに対しては損害賠償請求ができない（労組法8条）。選手会は、球団合併の是非だけでなく、選手の労働条件の改善やドラフト制度改革なども交渉事項とした。そして、ストライキという切り札を行使した（2004年9月18日）。

　著者は、2001年6月から1年半、早稲田大学教員組合書記長をやった。団体交渉では、大学内にあるさまざまな問題点を摘出し、対案を示して主張した。学内に保育所を作る提案や、総長選の改善提案（初の「ビデオ立会演説会」実施）なども行った。学内保育所の問題では、団交で総長が「一発回答」して、春闘要求書提出から1年1カ月後に開設にこぎつけた。このささやかな組合体験から、労働組合の存在意味は、組合員の権利を守り、要求を実現するだけでなく、その「社会」のなかで、積極的で建設的な提案を行う主体たるところにあると思うに至った。まさに「プロジェクト・ユニオン」である。

　「労働組合」という古いイメージではなく、「格差社会」の是正のためにも、憲法28条が保障する労働基本権の創造的な発展・具体化が求められている。

---

プロ野球ストライキ当日の新聞（2004年9月18日）

公務員の労働基本権制限

| | 団結権 | 団体交渉権 | 争議権 |
|---|---|---|---|
| 民間の勤労者（参考） | ○ | ○ | ○ |
| 自衛隊員 | × | × | × |
| 警察職員 | × | × | × |
| 海上保安庁職員 | × | × | × |
| 刑事施設職員 | × | × | × |
| 消防職員 | × | × | × |
| 非現業の国家公務員 | ○ | △ | × |
| 〃 の地方公務員 | ○ | △ | × |
| 行政執行法人の職員 | ○ | ○ | × |
| 地方公営企業・特定地方独法の職員 | ○ | ○ | × |

　プロ野球選手の初のストライキについて、スポーツ紙をはじめメディアは好意的にこれをとりあげた。

　先進国のどこと比べても、あまりに厳しい制限が行われている日本に対して、国際労働機関（ILO）が改善勧告を行ってきた。上記の△印は、交渉を行うことができるが、団体協約を締結できない。非現業の公務員は、一般的に公権力を行使する職種をいう（ここでは、上記の他の職種、裁判官などの特別職、検察官を含まない）。

# 財産権
## 不可侵性と「公共の福祉」の間で

### ◆ 軍用地も住宅ローンも投資対象に

沖縄を車で走っていると、「軍用地買い取ります」という看板に出会う。本土ではまず見ることのできない風景である。沖縄の米軍基地は232平方キロ。国有地、公有地、私有地がそれぞれ3分の1ずつである。その賃借料は国有地を除き832億円になる（2013年度〔2015年統計資料集〕）。これは20年に1度更新料が支払われ、地主1人につき10万円の更新協力費が支払われる。実際にはフェンスの向こうだから、家を建てられるわけではないが、毎年支払われる借地料と更新協力費などを含めると、「魅力的な軍用地投資」とされている。基地の地代と補償金に寄生した「商品」であり、これも財産権として保障される。

一方、米国では、信用格付けの低い人向けの住宅融資（サブプライムローン）が証券化され、「金融商品」として投資家に販売された。だが、このローンが大量に焦げつきを起こし、ローン会社が破綻するに及び、世界的な株価低落に連動していった。ついに2008年9月、投資銀行リーマンブラザースが破綻して、世界的な金融危機が始まった。軍用地や貧しい人々の住宅ローンまでもが金融「商品」となって売買される。こんな財産権も神聖不可侵なのか。

### ◆ 財産権の保障は絶対ではない

**経済的自由**の1つを保障する憲法29条は、3つの項よりなる。(1)「財産権は、これを侵してはならない」。(2)「財産権の内容は、公共の福祉に適合するやうに、法律でこれを定める」。(3)「私有財産は、正当な補償の下に、これを公共のために用ひることができる」。

近代法の原則である所有の自由の確認のようにも読める。「侵してはならない」という文言から「財産権の不可侵性」を導く説もある。だが、憲法自身が、2項で財産権の内容について、「公共の福祉」を基準にした立法者による規制を承認していることから、「不可侵」というわけにはいかない。信教の自由などと異なり、財産権の場合には最初から「公共の福祉」による制約を憲法が予定しているとみてよい。つまり、1項の保障は、2項の内容規定によって制約を受けるものであり、社会的・経済的理由からの規制を容認するものといえる。

財産権に対する規制には従来2つある。1つは、人の生命・身体・健康などに対する危害を防ぐための消極目的規制である。たとえば「食の安全」のための食品衛生法による規制がある。もう1つは、社会・経済政策的な保護・調和的発展のための積極目的規制である。たとえば、独占禁止法による私的独占の排除や、農地法による耕作者の保護がある。

財産権規制立法の違憲審査基準という観点からすれば、消極目的規制については、重要な目的に手段が実質的に関連していなければ違憲とする「厳格な合理性の基準」が、積極目的規制については、手段が著しく不合理であることが明白でない限り合憲とする「（合理性ないし）明白性の基準」が妥当するとされている。ただ、消極・積極規制目的二分論は、具体的な判例のなかで、必ずしも採用され

---

**経済的自由**

経済活動をする諸自由の総称。他の自由権（精神的自由、人身の自由）、社会権、参政権などと区別される。日本国憲法では、財産権のほか、22条に、職業選択の自由、居住・移転の自由がある（居住・移転の自由は、精神的自由、人身の自由とも深くかかわる→⓫）。

以下、本書で十分扱えなかった論点のみ挙げておく。「二重の基準」論によれば、精神的自由規制に対する厳格な審査基準と比べて、経済的自由規制に対しては緩やかな審査となる（特に表現の自由は民主的政治過程に不可欠ゆえに優越するから→⓲、経済には裁判所の能力・役割の限界があるから）。また、22条は、（人格と関連して比較的厳格な）職業選択の自由のほか、さらに（財産権行使や営業活動の自由ともいえる）職業遂行の自由も含むか。この点、営業の自由を「国家からの自由」ではなく「国家による（反独占的）公序」とする「営業の自由論争」もある。他の論点も含めて詳しくは、中島徹『財産権の領分——経済的自由の憲法理論』〔日本評論社、2007〕参照。

**森林法共有林分割制限訴訟 最高裁大法廷 1987年4月22日違憲判決**

本文に補足をすれば、森林法旧186条（現在削除）は「森林の共有者は、民法第二百五十六条第一項（共有物の分割請求）の規定にかかわらず、その共有に係る森林の分割を請求することができない。但し、各共有者の持分の価額に従いその過半数をもって分割の請求をすることを妨げない」という規定であった。同条が憲法29条に反するとの訴えにつき、最高裁は、立法目的（森林の細分化を

ているわけではない。たとえば、民法上の共有物の分割請求権にもかかわらず、持分の価額が2分の1以下の共有者に対する分割請求権を否定した森林法186条について、最高裁は違憲と判断した（<u>森林法共有林分割制限訴訟</u>）。その際、最高裁は規制目的二分論によらず、森林法の立法目的を具体的に検討した上で、「規制手段が右目的を達成するための手段として必要性若しくは合理性に欠けていることが明らか」な場合には違憲となると判示した（目的・手段の審査について→❶❹）。

### ◆ 正当な補償とは？

憲法29条3項は、「私有財産」を「公共のために」使うことを認め、その際、「正当な補償」を行うとしている。18、19世紀の憲法では、所有権は絶対であった。だが、ヴァイマール憲法153条は、「財産権の社会的被拘束性」をうたい、社会・公共のために財産権が制約され、利用されることを明確にした。日本国憲法の、財産権条項も「社会的被拘束性」の系譜にある（→㉒）。この3項は一種の「公用収用条項」といってよい。

その際、補償の程度が問題となる。「正当な補償」の「正当な」の意味をめぐり、学説上、完全補償説と相当補償説、さらに折衷説とに分かれる。完全補償説は市場価格（客観的価値）で補填すべきとするのに対して、相当補償説は、社会国家的な観点から、「相当な額」であればよいとする。社会状況や立法目的により、ときには完全補償を、ときには相当補償を説く折衷説もある。

最高裁は、戦後一時、農地改革のための自作農創設特別措置法による補償額について、「合理的に算出された相当な額」という相当補償説をとった（1953年12月23日判決）。だが、土地収用法における損失補償について、収用前後の被収用者の財産価値を等しくする必要から、完全補償説に転換した（1973年10月18日判決）。

加えて、収用対象の財産が、財産権者の生活基盤の意味をもつときには、生活再建のための十分な生活補償が必要であるとする生活補償説が登場している。土地や家屋の収用で生活基盤が失われるような場合には、生活権補償を行う、という視点も求められる。

防止するなど）を達成する規制手段（分割制限）が①合理性〔適合性〕と②必要性〔必要最小限性〕のいずれもない、と判断とした（→❶の比例原則に対応）。

29条2項は法律で内容を形成するとして、広い立法裁量が認められるとしても、「近代市民社会における原則的所有形態である単独所有」（一物一権主義）を侵害してはならないと解される。この「単独所有」が、明治民法から選択されて引き続き現憲法も追認した「法制度」の本質（客観法的な *Instituts*garantie：石川健治）、または、法律家集団の共通了解に基づく憲法上のbaseline（国家の制度設営義務と対応する個人の権利：長谷部恭男）として、本件では侵害されたものと読みなおす説もある。民集41巻3号408頁。

薬事法薬局開設距離制限事件最高裁大法廷1975年4月30日違憲判決も調べてみよう。人格とかかわる職業選択の自由を制限する目的・手段についてどう考えるか。

沖縄でよく見かける看板

軍用地は、一般の土地よりも固定資産税が安く、また相続財産評価額も低い上に、さらに40％減となるため、相続上かなり有利な「財産」となる。

財務省・関東財務局の看板

アメリカ第5空軍司令部跡の空地のフェンスに、関東財務局の看板がかかっている（東京・府中市）。国有財産を管理する（権利ではなく）権限があるのは財務省である。

# 人身の自由と刑事手続
## 権力は間違うから

### ● 自 白

　自己の犯罪事実の全部または主要な部分を認める被疑者・被告人の供述。かつて自白は、真正なものであれば、犯罪事実を証明するための証拠としては最も証明力が高いとされた。しかし、そのために、今日でも、犯罪捜査による権利侵害の危険性が絶えず、自白を求める方向に傾いてしまう。人は身に覚えの無い犯罪を自白してしまうことは心理学でも指摘されている。

　そこで憲法は、本文のように自白の証拠能力を否定し、自白を唯一の証拠とする有罪を禁止する（加えて刑事訴訟法319条も）。憲法31条以下の適正手続や黙秘権の保障とあわせた理解もできる。

　たとえば、四大死刑冤罪事件（免田事件・財田川事件・松山事件・島田事件）は有名だが、近年でも以下の事件がある。志布志事件では「踏み字」という精神的苦痛を伴う拷問による虚偽の自白の強要があった（鹿児島地裁2007年2月23日無罪判決）。足利事件でもDNA再鑑定により虚偽の自白の強要が認定された（宇都宮地裁2010年3月26日再審無罪判決）。被告人が否認し続けた東電OL殺人事件でもDNA再鑑定で最高裁判決は覆された（東京高裁2012年11月7日再審無罪判決）。東住吉事件・袴田事件でも自白の強要が問題視され、釈放がなされ、今後の再審の途が注目されている。

### ● 合理的な疑い

　理性のある人ならば当然もつであろう疑問。検察官が訴えた事実について「合理的な疑問」を差し挟む余地がないほど、検察官が犯罪事実を証明できない限り、裁判所は無罪を言い渡さなければならない。

### ◆ 死刑求刑が無罪に――北方事件

　2005年4月10日、佐賀地裁は、女性3人殺害事件で死刑求刑されていた被告人に、無罪の判決を言い渡した。死刑求刑から無罪というケースはきわめて珍しい。

　この事件で問題となったのは、別件で逮捕・起訴しておいて、長期間の勾留中に執拗な取調べが行われたことである。判決によると、1日平均12時間35分の取調べが17日間も続いたという。その間に被告人は、犯行を認める上申書を書いたとされる。この**自白**上申書が、死刑求刑の最大の根拠とされた。だが、裁判所は、その上申書を証拠として採用しなかった。上申書以外に十分な証拠を固められないまま、死刑を求刑した検察側。公判では、警察官が、報告書のなかで、取調べ時間を実際よりも短く書き換えたり、体液がついたガーゼを採取しながらそれを紛失したりと、杜撰な捜査が浮き彫りとなった。

　判決は、被告人の供述の信用性が乏しくアリバイもないとしながら、「**合理的な疑いを超えて被告人が犯人だと断定することはできない**」として無罪とした。検察は控訴したが、2007年3月19日、福岡高裁も無罪を維持した。二審では、検察が新たにDNA鑑定の結果を提出したが、有罪とする証拠とはなり得ないとした。検察側は上告を断念。無罪判決が確定した。有罪率99％の日本。刑事手続上の人権（人身の自由）をどう考えるか。

### ◆ 国家権力は間違うから

　日本国憲法は103ヵ条あるが、権利・義務に関する第3章は31ヵ条、憲法全体の約3分の1にあたる。そのうち、31～40条の10ヵ条が、刑事手続に関するものである。人権条項の3割が刑事手続関連というのは、世界の憲法のなかでも際立って多い方に属する。かくも詳細な刑事手続規定を置いたのはなぜか。

　人間は、あらかじめ将来における選択肢を減らしておくことで、将来の出来事をコントロールしようとする。飲酒運転で事故を起こした経験のある人が、酒を飲む前に車の鍵を妻に渡し、飲酒後どんなに命令・懇願しようと鍵を決して自分に渡さないように、あらかじめ依頼しておく。これは合理的主体が自らの自律性を損なうことなく、継続的な合理性を獲得する技とされる。これを「プリコミットメント」という。刑罰権力もまた、犯罪の早期解決のために、怪しい人間を片端から逮捕して、厳しい取調べで自白を得るという傾きになる。捜査官に正義感と使命感が強いほど、よかれと思ってやった結果、無辜を逮捕・処罰してしまうことにもなりかねない。だから、捜査官の誇りと自律性を損なうことなく、あらかじめ逮捕や捜索には裁判官の令状が必要という形のハードルを設定したり、自白の証拠能力や証明力を制限したりするなど、憲法にあらかじめ定めを置いておくことも、これまた「プリコミットメント」の1つといえなくもない。

　刑事手続上の人権の周到な保障の背景には、戦前の刑事実務、特に内務省警保局特高課がやった、拷問や権利侵害に対する反省がある。特に危ないのが自白である。自白は「証拠の王」といわれたが、憲法は自白を疑ってかかっている。

## ◆ 自白に対する「不信の構造」

　憲法38条は3つの内容を含む。黙秘権ないし供述拒否権の保障（1項）、自白の証拠能力の制限（2項）、自白の証明力の制限（3項）である。3層にわたる周到な「防御ライン」を設定したことからも、憲法がいかに自白に対して不信の眼差しを向けているかがわかるだろう。戦前における刑事実務が自白偏重であったことへの強い反省が働いていることは明らかだろう。

　まず、1項は、米合衆国憲法（→❶）修正5条の「何人も、刑事事件において、自己に不利益な供述を強要されることはない」の影響がある。これは自己負罪拒否特権の保障と解される。なお、この保障は刑事事件以外の手続（具体的には行政手続）にも及ぶことは、「川崎民商事件」最高裁判決（1972年11月22日）で一般的に肯定されている。

　次に、2項の自白の証拠能力制限について。これまで「任意性のない自白」の排除と考える説が一般的だった。拷問（→❷）や脅迫といった強制は、任意性を欠く典型例である。「不当に長く」抑留・拘禁後の自白も、「早く自由になりたい」という気持ちに便乗して、任意性を欠く可能性が高まる。だから、2項は任意性のない自白を排除するという趣旨と解されてきた。

　加えて、「力」や「時間」を駆使した自白獲得が、**被疑者・被告人**の主体的地位を害する違法な証拠収集であり、この排除が2項の趣旨であるとする「違法排除説」が有力である（芦部信喜編『憲法Ⅲ 人権（2）』〔有斐閣、1981〕〔杉原泰雄執筆〕）。

　なお、冒頭の佐賀地裁判決は、被告人の上申書が、「不当に長く抑留若しくは拘禁された後の自白」にあたると明確に認定したわけではないが、上申書の証拠採用を認めなかったことは、この憲法の趣旨を踏まえた見識ある態度といえる。

　さらに、3項の自白の証明力の制限は、自由心証主義の例外とされている。

　誤認逮捕や誤判の少なくない日本の現実に対し、憲法38条の規範が自白に対する周到な「不信の構造」をデッサンした趣旨を考えれば、犯罪事実の重要部分は自白以外の証拠方法により固められるべきである。

➡ **被疑者・被告人**
　犯罪の疑いを受けて捜査されている者を被疑者と呼び、公訴後には被告人と呼ぶ。勾留理由開示請求権と弁護人依頼権などがあり（34、37条）、無罪の推定を受ける（「疑わしきは罰せず」ゆえに「犯人」ではない）。有罪判決が確定した被収容者（→❸）も冤罪の可能性があるため再審の途も残されている。本章とかかわり詳しくは（現行の少年法の「少年」は20歳未満だが、年齢引下げの問題点も含めて）18歳から刑法・刑事訴訟法・刑事政策も学び考えてほしい。

特高警察の内部資料

内務省警保局保安課の直接指揮のもとに動いた政治・思想警察である。反政府的とみなした個人・団体を徹底マークして取り締った。

被疑者の身体拘束システム

警察 48時間 → 検察 24時間 → 勾留 10日間 → 勾留延長 10日間 → 事件処理 → 起訴 → 保釈・勾留 / 不起訴 → 釈放

合計23日間が捜査機関の持ち時間化している（先進国の国々では数日程度）。さらに、自白偏重などに加えて、被疑者の置かれる場所が警察署の留置施設になっており、憲法・国際人権法上、大きな問題があるため、国連でも批判されている。

# 27 拷問は絶対禁止？

### ◆ 人間の尊厳

人間の尊さ・かけがえのなさ。尊厳ある者を単なる道具として扱ってはならない。国際人権B規約（→⑱）前文、10条やドイツ基本法（→③）1条の文言であり、世界的に普遍的な価値原理でもありうる（ただ、一人ひとりの多様な「個人」の尊厳〔憲法13条〕とは異なるともいえる）。

本文のヘァデゲンに対し、基本法制定時の意義が再重視される（E-W・ベッケンフェルデ［水島朝穂・藤井康博訳］「人間の尊厳は不可侵たり続けているか？」比較法学42巻2号〔2009〕）。また、本文のイーゼンゼーに対し、人間の尊厳をタブーとすることの合理性も再注目されている（R. Poscher, Menschenwürde als Tabu, in: G. Beestermöller/H. Brunkhorst（Hg.），Rückkehr der Folter, 2006, S. 75 ff.）。

### ◆ 「テロとの戦い」、アメリカ合衆国愛国者法

G・W・ブッシュ政権における正式名「テロリズムの阻止および防止のために必要な適切な手段を提供することによりアメリカを統合および強化する2001年の法律」。この愛国者法など「テロ」対策法制は、出入国管理、資金洗浄規制、団体規制、通信傍受、捜査権限の拡大を内容とする。こうしたアメリカなど有志連合による軍事・国防・犯罪捜査などを「対テロ戦争」ともいうが、「テロ」の定義によっては不明確である（→⑧）。2015年、B・オバマ政権において愛国者法は失効し、市民の通信記録の収集活動などを限定するアメリカ合衆国自由法が成立した。

武力によって「テロ」を根絶できておらず、終わりの見えない「テ

## ◆ 例外なしに禁止

条文では、副詞や副助詞は慎重に選ばれる。日本国憲法でも、例外を極小化する「のみ」という表現は前文を含め5ヵ所だけである。天皇の国事行為（4条1項→⑥）、婚姻の成立要件（24条1項→㉑）、裁判官の職権の独立（76条3項→㉝）、地方自治特別法の住民投票（95条→㊲）。「絶対に」という、例外を認めない強い表現は36条でしか使われていない。「公務員による拷問及び残虐な刑罰は、絶対にこれを禁ずる」。死刑は「残虐な刑罰」かという論点は本書では扱わず、本章では外国もやや詳しく見ながら拷問禁止の「絶対性」について考えてみよう。ナチス暴虐の経験などを踏まえ、「**人間の尊厳の不可侵性**」は、圧倒的迫力をもって法思想・法制度の基礎をなす（→③）。ここから拷問の「絶対禁止」も導かれる。だが、これを相対化する傾向が、「**テロとの戦い**」のなかで見られる。2012年自民党改憲草案では36条の「絶対に」を削除する。

## ◆ 拷問禁止の射程

「拷問」とは何か。一般に、被疑者・被告人に対して自白（→㉖）を強要するために肉体的・精神的苦痛を与えることをいう。ここでのポイントは、拷問の主体はあくまでも公権力の担い手、公務員（警察・検察など→③）であること。もう1つは、刑事訴訟の証拠たる自白の採取を目的とすること、である。憲法36条は「公務員」と明確に主体を明示しており、ここには、戦前の特高警察による拷問の歴史的経験が濃厚に投影している。

拷問を「絶対に」禁止する意味は、「公共の福祉」（→⑪）を理由とした例外を一切認めないという趣旨である。拷問が自白追求の手段として濫用されてきた歴史的教訓を踏まえ、憲法は単に拷問をそれ自体として禁ずるだけでなく、拷問の結果得られた自白の証拠能力をも否定している（38条2項）。もし公務員が拷問を行えば、刑法上の犯罪となる。特別公務員暴行陵虐罪である（195条）。

国際社会でも拷問は禁止されている。世界人権宣言には「何人も、拷問〔…〕を受けない」（5条）とあり、国際人権B規約（→⑱）も拷問の禁止を定める（7条）。なお、拷問禁止条約1条と国際刑事裁判所（ICC）規程7条2項は、拷問の一般的定義をした上で、「合法的な制裁」から生ずる苦痛は含まないとしている点に注意が必要である。

## ◆ 必要な拷問がある？

かつて拷問が適法だった時代がある。ローマ法では奴隷に対してだけでなく、自由人に対しても拷問が認められた。中世ドイツでも、拷問は自白獲得の適法な手段とされた。自然法思想の影響により、ヨーロッパで最初に拷問を完全廃止したのは、1754年のプロイセンだった。こうして拷問は、現実の世界では横行したが、法の世界では拷問禁止がスタンダードとなっていった。

だが、「9.11」以降、拷問禁止が揺らぎはじめた。米国では、「**愛国者法**」をは

じめ、市民的自由を侵害する立法が次々に制定されていった。キューバのガンタナモ米軍基地に収容されているアルカイダやタリバンとされた人々は、国際法上の「捕虜」でも、米国刑事法上の「被疑者」でもない。「敵性戦闘員」という新たな法的資格を創出して、それを遡及的に適用したわけである（B・オバマ政権は2009年2月、これを廃止）。国際社会は米国を厳しく批判したが、「テロリストに対してはやむを得ない」と、当時の国防長官は涼しい顔だった。そうしたなかで、拷問の「絶対禁止」を緩和する傾向も生まれている。

　ハイデルベルク大学のW・ブルッガー教授は、「テロの脅威」に鑑み、拷問禁止の見直しを求めた。ボン大学のM・ヘアデゲン教授は、「人間の尊厳」も制約できると、ある基本法コンメンタールを一変させた。「肉体的害悪の威嚇または付加〔…〕が、生命を救うという最終目的を根拠に、〔人間の〕尊厳要求を侵害しないということ」が個々の事例ではあり得る、と。ハーバード大学のA・ダーショヴィッツ教授は、「テロ」の時代に「限定された拷問権」を要求した。裁判官の「拷問令状」のような明確な法律的規制のもとでの拷問を認めていく方向である（以上、Die Zeit vom 25.11.2004 参照）。まさに「目的が手段を聖化する」である。プロイセンの拷問廃止から250年余。いま欧米諸国に「拷問の再生」思考が生まれている。かつては自白追求の手段として、21世紀は「テロとの戦い」の「予防的警察措置」として。

　筆者が在外研究時にお世話になったボン大学のJ・イーゼンゼー教授は、拷問の絶対禁止を「タブー」として、誘拐された人質の生命や、時限爆弾の隠し場所が分からず危険にさらされている市民の生命と、その情報を知っている被疑者の防御権（人身の自由）との間の憲法内在的な対立に言及した。そして、危険にさらされる人々を保護する国家の義務との関係で、拷問禁止を一面的に絶対化してはならないという（Tabu im freiheitlichen Staat, 2003, S. 57-61）。

　だが、「テロとの戦い」は、近代市民法や近代立憲主義（→❶）の基幹を傷つけ、それを内側から掘り崩している。人間を道具扱いする拷問が認められる社会になれば、それこそ「テロリスト」の思うつぼではないだろうか。

ロとの戦い」は続く。そもそも「テロ」の根本的な原因である貧困・差別・教育欠如・環境破壊などを解決していく必要がある。

中世の拷問

ドイツ・ローテンブルクの刑事博物館には、拷問の残虐なツールが多数展示されている。

「拷問と民主制」の関係

「暗黒の中世」のみならず、21世紀の現代においても、「拷問」はきわめてアクチュアルなテーマである。「9.11」によりパンドラの箱が開いた（開けさせられた？）。民主制国家（→❺）においても、拷問の問題は無関係ではないことをこの本は鋭く問うている（D. Rejali, Torture and Democracy, 2007）。

# 参政権
## 外国人と、どう考えるの？

### ➡ 参政権

　主権者として、国民、市民、または、住民が、国または地方の政治に参加する権利。憲法のⅠ 総論（国民主権）、Ⅱ 人権論（表現の自由）、そして、次章からのⅢ 統治機構論（立法～地方自治）の橋渡しをする権利といえる。「国家からの自由」の自由権と並び、「国家への自由」と呼ばれる。内容は、選挙で投票できる選挙権、選挙に立候補できる被選挙権、国民投票権、住民投票権、広くは、公務員採用試験を受験できる公務就任権、公務員を辞めさせる公務員罷免権などがある。日本国憲法は、原則として間接民主制だが、直接民主制の規定もある（→❺❸、16条の請願権も）。なお、特に行政法で、公聴会やパブリック・コメントなど「行政過程への参加権」の議論がある。

### ➡ 国籍

　個人が特定の国家の構成員である資格。誰に、どのように国籍を付与するかは各国の一定の裁量がある。個人の尊重からは、国籍の取得・喪失につき個人の意思を尊重する「国籍自由の原則」もある。日本国憲法22条2項は「〔日本〕国籍を離脱する自由」を定める。同項「何人も」という外国人も含む矛盾した文言は、文言説が採れない根拠の1つ（逆に、他の条文の「国民」に外国人も含み得る）。出生時または出生後、出生地主義または血統主義の国籍取得のタイプがある。日本の国籍法は、（父母両系の）血統主義による出生時取得（2条）、認知された子の取得（3条）、帰化による出生後取得（4～10条）、再取得（17条）を定める。特に3条1項の違憲判決（最高裁大法廷2008年6月4日）、同年改正が重要である。

### ◆ ある町内会の話

　数十年前、北海道に家を建てたとき、新しい分譲地だったので、できたばかりの町内会の規約を起草したことがある。当時、地元紙に「憲法学者が民主的な町内会規約を起草」と書かれ、気恥ずかしい思いをした。小さな町内会だったが、子どもたちのための大根掘り大会などを企画して楽しかった。東京からの引っ越し組は私の家族だけで、ほとんどが道内出身者。ちょっとした外国生活気分だった。あり得ない想定だが、もし町内会規約に、会長・役員は道内出身者に限るという規定を入れたらどうだろうか。私は役員になれない。同時に、近所の外国籍の音楽講師の一家もなれない。地域の「お世話係」である町会役員の資格は、住民として生活しているという実態だけで十分である。出身県や国籍によって区別する合理的理由はない。外国人が町内会長に選ばれることもあり得る。その場合、人望があって、地域の人々によって推薦されたから会長になったわけである。町会役員の資格に国籍条項を置く合理性も必要性もないだろう（なお、町内会は地方公共団体ではなく任意団体である）。

### ◆ 外国人参政権はノープロブレム？

　外国人の声を国政や地方政治に反映させる道はないのか。この問題は「外国人の人権」というアングルから、「人権の享有主体」として論じられることが多い（→⓬）。外国人も当然「人」だから「人権」はあるが、「憲法上の権利」は一部制限され得る。ここでは「権利の性質上」外国人に最も及びにくいと考えられている**参政権**についてみておこう。

　参政権の典型的なものは、選挙権と被選挙権である。理論上は右頁下の図のように、国政から地方まで8通り（×2）がある。もし外国人に認めるという場合、市町村議会議員の選挙権のみが最低ラインである。ただ、現行法上、外国人には国政・地方いずれの選挙権も認められていない（公職選挙法9条、地方自治法11条）。「なぜ外国人に選挙権がないのか」と問われれば、主権者の地位にない者によって国民代表を選ぶ権利が行使されれば、国民主権原理が揺らいでしまうという反応がすぐにでてくる。では、そもそも「国民」とは何か。**国籍**保持者とイコールと解する説のほか、生活実態説がある。国籍よりも、もっと実質的な生活の実態を重視せよというものだ。近年、EU諸国では、欧州市民権との関係で、国籍から切り離された「新しい市民権」を構想する考え方も出ている。だが、日本の場合、もともと「人権」と**市民権**を区別する問題意識が希薄である。日本では当面、外国人に地方参政権を与えるかどうかが焦点となっている。

　地方は人が生活の拠点を置く生活に最も身近な場所だから、「治者と被治者の同一性」がさらに重要になる。憲法93条も「住民」の選挙という。以上を考慮すれば、地域に定住する外国人に、法律で選挙権を認めても違憲とはいえないという説が有力である。これを「許容説」という。学説にはこのほか、国民主権から当然に外国人の選挙権は否定されるとする「否認説」と、憲法の国際協調主義

（前文・98 条）からこれが要請されているとする「要請説」がある。

最高裁も、憲法の人権保障は「権利の性質上日本国民のみをその対象としていると解されるものを除き、我が国に在留する外国人に対しても等しく及ぶ」という「性質適用説」に立って、「住民の日常生活に密接な関連を有する公共的事務は、その地方の住民の意思に基づき、その区域の地方公共団体が処理するという政治形態を憲法上の制度として保障しようとする」地方自治の趣旨から、法律により、地方自治体の長・議員を選ぶ選挙権を認めることは「憲法上禁止されているものではない」としている（1995 年 2 月 28 日）。「許容説」に近いといえる。

### ◆ 永住者の地方参政権実現に向けて

外国人といっても、特に問題となるのは永住者（入管法 22 条許可を受けた者）と特別永住者（在日韓国・朝鮮・台湾などの人々）である。永住者は約 103 万人に（増加傾向）。このうち歴史的経緯のある特別永住者は約 36 万人である（減少傾向、2015 年末現在）。日本の植民地政策による被害を受け、強制的に日本に連行され、あるいは国の事情によって一方的に国籍を奪われた人々にとっては、「参政権がほしければ帰化すればいい」という議論は乱暴にすぎよう。むしろ、このような立場にある在日外国人については、可能な限り、日本人（日本国籍保持者）と同等の権利が認められるべきだろう。

町村合併という地域の重大問題について、住民投票で直接住民が意見を表明する場面が生まれ、住民投票条例が制定された（→㊲）。2002 年、合併をめぐる滋賀県米原町や秋田県岩城町の条例によって、永住外国人が投票権を得た（岩城町では 18 歳以上にもはじめて認めた）。これを皮切りに、国籍条項がなく外国籍住民に住民投票権を認める自治体の条例がすでに約 200 ある。民主党は 2009 年総選挙のための「マニフェスト」で、外国人の地方参政権の実現をうたった。その総選挙後に政権交代した民主党中心の内閣では、反対意見が与党内からも出て、実現はなかった。2012 年政権交代後、自民党中心の内閣では実現の可能性は遠ざかっている。

→ **市民権**
多義的で主に意味が 5 つある。①国籍（Staatsangehörigkeit）。②公民権（citizenship, Staatsbürgerschaft）、参政権。市民（citoyen）の権利。本文のように、狭義の「人」権（「個人」の権利）と「市民」の権利は異なる（→❾）。両者の連関と緊張につき樋口陽一『憲法という作為』〔岩波書店、2009〕。③市民的自由（civil liberties）。自由権を中心とした諸権利で、広義の「人権」に近い。④地方または統合欧州レベルでの政治参加資格（本文のように①と④はまったく逆）。⑤法学用語ではなく、意味が転じて、広く認められて一般化すること。

「一票に意義あり」

絶対王政から民政に移行するブータンで、総選挙の投票の仕方を経験する模擬選挙が行われた（『東京新聞』2007 年 4 月 22 日）。まだ外国人が少なく外国人参政権を認めていないブータンはさておき、OECD 加盟 34 カ国のうち、外国人参政権を、7 カ国が国政レベルで認め、30 カ国が地方レベルで認めている。

外国人参政権をどこまで？

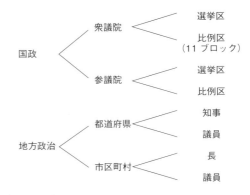

それぞれ選挙権・被選挙権の両方あり。8 通り×2 の 16 通り。特に選挙区については、「一票の格差」問題があり、この論点も含めて詳しくは、辻村みよ子『選挙権と国民主権』〔日本評論社、2015〕など。

# 第Ⅲ部
# 統治機構論
国家の権力を分けるしくみ

# 29 国会の二院制とは
## 参議院はいらない？

### ◆「衆議院のカーボンコピー」？

毎年、1年ゼミの学生（18歳が多い）を連れて参議院の見学をしている。

国会は、建物だけでなく、組織やしくみも見事に2つに分かれている。たとえば、参院採用の職員は決して衆院に配置換えされることはなく、参院職員で定年を迎える。このように両院はそれぞれ独立しているのだが、法案が成立するまで同じような審議を2度もするので、「参院は衆院のカーボンコピーのようだ」といういい方がされてきた。

何事も能率性と効率性、費用対効果が重視されるご時世である。慎重審議で同じことを繰り返す二院制は確かに分が悪い。「税金の無駄遣い」との素朴な声から、迅速で効率的な国家政策の立案を主張するなど、さまざまな理由から「参議院不要論」が唱えられている。2010年の参院選挙では、参院の定数を40程度削減することを「マニフェスト」に書き込む政党も出てきた。二院制は当面維持される方向だが、そもそも税金がかかるのを承知の上で、憲法は、なぜ二院制を採用したのだろうか。

### ◆ 二院制の意義

独立した2つの議院によって議会が構成されることを二院制（両院制）という。では、なぜ二院制なのか。フランスでは、一般意思が単一ならば、それを代表する議会も単一であるべしという考えが強かった。代表機能をしっかりもった一院制の方がすっきりしている。だから、民主制（→❺）の原理からは当然には二院制の制度設計は出てこない。

二院制は民主制の要請というよりは、「議会による専制」を防ぐための**権力分立**の発想がベースにある。ただ、2つの院が相互に抑制しあう関係になるためには、第二院の選出母体や選出方法などを異なるものにする必要がある。

各国議会が加盟する「列国議会同盟」によれば、192カ国のうちで、二院制を採用するのは76カ国という（2015年現在）。英国の貴族院のようなタイプから、ドイツの連邦参議院のように、州政府の首相・閣僚から構成されるタイプなどさまざまである。日本のように第二院が直接選挙で選ばれるタイプはむしろ珍しい。日本国憲法は、二院制の採用をするとともに（42条）、両議院が「全国民を代表する選挙された議員」から構成される（43条）。「民主的二院制」とされる所以だ。

参院の存在理由としては、民意の多角的な反映、第一院の多数派による専断を防ぐ、任期が長く解散がないという形で急激な政治変革を回避できるなどが挙げられている。

### ◆「ねじれ国会」と参議院

河野謙三議長時代（1971〜77年）に参院改革が提起されたことがある。参院に「多数決主義の政治」に対する「理の政治」を期待し、そこに国民のなかの慎重、熟練、耐久の要素を代表させるという思いを込めた提案だった。政党に縛られな

---

**➡ 権力分立**

国家権力が単一の国家機関に集中すると、権力の濫用によって、個人の権利・自由が侵害されるおそれがあるので、権力の作用・性質・機能に応じて立法・行政・司法のように「区分」し、それぞれ異なる機関に担当させるように「分離」し、相互に「抑制・均衡」を保たせること。特に近代立憲主義（→❶）における、権力への猜疑と不信任による統治組織原理である。とりわけC・d・モンテスキューは、個人の自由を基に、三権分立を説き、後の憲法に影響を与えた。

日本では分立が緩やかな議院内閣制をとる。三権内外の権力分立もある。立法府の二院制（→㉙）、行政府の省庁制（→㉜）、司法府の三審制（→㉟）など（三権の相互間は特に㉚〜㉞）。ある程度独立した行政委員会や、完全独立した会計検査院（→㊱）もある。水平的な権力分立に限られず、超国家機関または地方自治（→㊲）への垂直的な権力分配も要請されている。

い、自由な議論を行う場も期待された。だが、参院の政党化は進むばかり。1982年に参院に比例代表制が導入されてから、参院の政党化が事実上完成した。1994年、衆院に小選挙区比例代表並立制が導入されて以降は、衆参両院の選挙の仕組みは実質ほとんど同じになった。ただ、衆院の選挙区が小選挙区制なのに対して、参院の選挙区が、無所属も当選できる中選挙区制のように機能しているので、「民意の反映」という面では参院の方が進んでいるという現実がある。

なお、参院議長の私的諮問機関「参議院の将来像を考える有識者懇談会」の意見書（2000年4月）は、参院を「再考の府」と位置づけた。そこでは、「全国民の代表」（43条）を改め、参院議員を地方代表とする意見も出されている。参院を地域代表制に純化することは憲法上問題あるが、地方代表的要素をより強化する制度設計は検討に値する。「国権の最高機関」である**国会**（41条）でも、とりわけ、参院には「国権の再考機関」という機能を加え、国の政治の方向と内容にバランスをもたせる工夫といえる。

2007年の参院選で野党が勝利して、「ねじれ国会」状況が生まれた。憲法59条2項は、「衆議院で可決し、参議院でこれと異なつた議決をした法律案は、衆議院で出席議員の三分の二以上の多数で再び可決したときは、法律となる」と定めている。麻生内閣（当時）は、これを何度も使い、いくつもの法案が「3分の2再可決」された。2009年の総選挙では民主党（立憲民主党の前身）が圧勝し、いったんは「ねじれ国会」は解消する。しかし、その民主党政権も、2010年の参院選での敗北による「ねじれ」によって政権運営の主導権を失った。その後「ねじれ国会」状況は、「決められない政治」の元凶として問題視されるようになる。2012年の再度の政権交代と2013年の参院選挙での自民党の勝利により「ねじれ国会」は解消された。参院は解散がなく、半数改選のため（憲法46条）、3年に一度、定期的に「民意の測定」が行われる。参議院は、いまもなお、「国権の再考機関」としてあり続けているといえよう。

◆ 国会・議会

公選された議員を原則要素とし、法律や予算のような重要な国家作用に決定的に参与する機能をもつ合議体を議会という。

日本国憲法における国の議会を国会という。国会は「唯一の立法機関」（41条）とされる（国会単独立法と〔権力分立の下の〕国会中心立法の原則）。かつての貴族院（→❹）と異なり、現在は、公選された議員によって組織された衆議院と参議院からなる（42、43条）。常会（通常国会）・特別会（特別国会）に加え、衆議院または参議院の総議員4分の1以上の要求があれば、臨時会（臨時国会）の召集を内閣は決定しなければならない（52〜54条）。だが、特に2015年に要求は無視された。59条2項、60、61、67条2項で衆議院の優越が認められている。解散のため衆議院がなく、緊急の必要があるとき、参議院の緊急集会を内閣は求めることができる（54条2項・3項→❼）。

灰色の国会議事堂

議事堂外壁の洗浄・修繕・コーティング作業（2010年10月26日撮影）。50畳の天井をもつ中央塔を境に、向かって左が衆議院、右が参議院である。議事堂内を歩くと、両院で違いのあることに気づく。参院の場合、旧貴族院の名残が随所に見られる。特に天皇の「御休所」の豪華さ。入口は1枚の徳島県産大理石（時鳥）で作られており、天井は総刺繍。1本つくるのに10年近くかかる総うるしの柱が4本も飾ってある。

立法過程略図（衆議院が先議とは限らない）

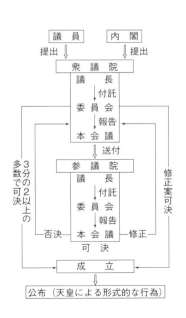

# 30 国会議員の不逮捕特権はいらない？

## ◆「特権」への不信

「不逮捕特権は早急に廃止を」。『朝日新聞』2002年6月27日付（西部本社版）に、こんな投書が載った。長崎県の男性（当時45歳）のもので、廃止の理由の第1は、この制度の趣旨が「反政府的な議員を検察・警察が安易に逮捕し、議員としての活動が妨害されないように、それを防ぐため」であるのにもかかわらず、「政治的背景がなく、国会議員個人の経済活動による犯罪の場合、これをそのまま適用するのは問題である」こと。もう1つの理由は、「国会議員に対してこのような特権を与えるのは『法の下の平等』に反する」というものである。

日常の言葉づかいでは、「特権」という言葉には、特定の人を不当に優遇するなどのマイナスの響きがこもりやすい。ちなみに、憲法には「特権」という言葉が2カ所ある。平等条項（14条3項→⓮）と政教分離条項（20条1項→⓱）である。いずれも「特権」という言葉の一般的使い方に合致するだろう。

これらと異なり、「議員の不逮捕特権」という場合に注意する必要があるのは、憲法には、議員との関係で「特権」という言葉が出てこないことである。「両議院の議員は、法律の定める場合を除いては、国会の会期中逮捕されず、会期前に逮捕された議員は、その議院の要求があれば、会期中これを釈放しなければならない」（50条）。憲法自身は「特権」という言葉を使っておらず、六法編者のつけた条文見出しに「議員の不逮捕特権」とあるにすぎない。

同じことは、議員が「演説、討論又は表決について、院外で責任を問はれない」（51条）ことにもいえる。これは一般に「免責特権」と呼ばれている。議員が「国庫から相当額の歳費を受ける」（49条）ことは「歳費受領権」ないし「歳費特権」と呼ばれる。これらをまとめて議員の「3つの特権」ということがある（佐藤幸治『日本国憲法論［第2版］』〔成文堂、2020〕）。なお、「議員の特典」という見出しをつけたテキストもあらわれた（長谷部恭男『憲法［第7版］』〔新世社、2018〕）。「特権」という言葉が醸しだす負のオーラに配慮したものだろう。「会期中不逮捕特権」「議員活動の免責特権」「歳費の保障」と、実態に即した表現を用いるテキストもある（樋口陽一『憲法［第3版］』〔創文社、2007〕）。いずれにせよ、投書で「法の下の平等」に反すると書かれないように、国会議員だけに認められる特別な扱いの意味をきちんと理解しておく必要があるだろう。

## ◆ 不逮捕特権の意義

中世の身分制議会では、議員はその選出母体に対して、活動費用や発言内容などあらゆる面で強く拘束されていた。だから、国民代表議会の時代になって、議員が選挙区の紐付きにならないよう、「全国民の代表」としての地位を確かなものにするために、歳費保障や免責特権が生まれたという経緯がある。

不逮捕特権についていえば、免責特権のような、選挙母体への拘束の問題というよりは、行政権（特に君主権力）が議員活動を妨害したり、圧力をかけたりすることから議員を守ることに主眼があった。現代においても、政権与党が議会内

---

⇢ **議員に対する議院の権能・自律権**

議院の権能（権限）をまとめて確認すると、議院の議員逮捕許諾・釈放要求権（本文）、（本文とは別に）議院の議員懲罰権（58条2項）、議院の議員資格争訟裁判権（55条）など認められる権能がある。これらは、国会が立法機関・議事機関・意思決定機関である性質に基づく。なお、衆議院は、内閣（不）信任決議権（69条）、解散後に参議院の緊急集会（54条2項）での措置に対する同意権（同条3項）がある。→㉙㉛も。

少数派に対して逮捕権濫用による政治圧力をかける可能性は皆無ではない。個々の議員の活動を守ることは、議院の組織活動を裏から支える意味ももつ。不逮捕特権の存在意義は、なお失われていないのである。

ところで、憲法は、会期中に限り、刑事手続に関して一般国民とは異なる扱いを認めたわけだが、例外もある。「法律の定める場合」である。ただ、法律は、具体的な犯罪の中身を定めることはせずに、極めてシンプルに「院外における現行犯罪」に限定し、それ以外の場合はすべて「院の許諾」に委ねた（国会法33条）。会期前の逮捕に対する釈放要求権も、会期中逮捕に対する保障の趣旨を365日徹底する意味をもつとされている。

なお、その昔、学生のレポートで、「逮捕された議員は、その議員の要求があれば、会期中これを釈放しなければならない」として、議員に「釈放権」があると書いた猛者がいた。変換ミスもここまでくると笑えない。

それはともかく、憲法が議員の不逮捕特権を定めたのは、近代議会制の制度設計に基づくもので、冒頭の投書のように、ここで平等原則違反を論ずるのは適切ではないだろう。また、汚職議員の例をもちだして、制度の廃止を云々することも妥当ではない。誤解のないように述べておけば、不逮捕特権であって「不起訴特権」ではない。議員の起訴は会期中でも可能である。ただ、国務大臣（→❸）である議員については「不訴追特権」がある。内閣の一体性や国務大臣の職務の重要性から、内閣総理大臣の同意のない訴追は認められない（75条）。

さて、「国会議員もいろいろ」である。2005年・2009年、「追い風」に乗って大勝した政党では、比例名簿下位に便宜上揃えた候補者がことごとく当選してしまい、国会議員の品位を下げることに貢献するという状況が見られるようになった。現在の選挙制度の「徒花」ということだろうが、不祥事や事件の可能性も相対的に高くなっている。そのことで、憲法50条の注目回数が増えるような事態だけは願い下げにしてほしい。議員歳費や立法事務費などで3000万円以上、それに各種の「特権」がついてくる国会議員。「選良」という言葉と現実との距離は縮まるだろうか。

このような権能行使に不可欠な、各議院の自律権は、他の議院・内閣・裁判所などによる介入を受けることなく独立して自らの行為を律する固有の権能である（違憲審査の対象外→❸も）。この自律権は、議院内部の①組織について、議員資格争訟裁判権（上記）、議長・役員選任権（58条1項）、②運営について、議院規則制定権（同条2項）、議員懲罰権（上記）などに整理される。

---

国会手帖と手錠

「国会手帖」（平成17年版）には、「行為規範」（衆議院）が収録されている。その第1条には、「議員は〔…〕いやしくも公正さを疑わせるような行為をしてはならない」とある。

国会議員の特権・特典

| 不逮捕特権 | 憲法50条、国会法33条～34条の3（内容は本文。なお、東京地決1954年3月6日は、期限付逮捕許諾を認めない） |
|---|---|
| 免責特権 | 憲法51条（内容は本文。なお、最高裁1997年9月9日判決は、職務と無関係に違法・不当な目的での名誉毀損など特別の事情ある場合に国家賠償責任を負いうるとする） |
| 歳費特権 | 憲法49条、国会法35、36、38、132条、国会議員の歳費、旅費及び手当等に関する法律、国会議員互助年金法（2006年廃止〔支払分の議員年金は継続〕）など（内容は、その他の特典も含め下記*） |

歳費〔月収：129万4000円〕、期末手当〔ボーナス〕、議会雑費、文書通信交通滞在費〔月額：100万円〕、会派への立法事務費、公務旅費、JR特殊乗車券〔全線無料〕、航空券引換証、公設秘書費、議員宿舎〔比較的低額な家賃〕、退職金、弔慰金、公務上の災害補償費等。

# 国政調査権
## 接待漬け元次官の証人喚問から

### ◆ 災害派遣の時にもゴルフを続けた

2008年10月29日。衆議院テロ対策特別委員会での証人喚問のテレビ中継が始まった。防衛省の守屋武昌元事務次官。山田洋行という軍需専門商社の元専務によって、200回以上のゴルフ接待を受けていた。ゴルフツアー旅行、賭け麻雀などの接待攻勢が、防衛省のトップに対して、長期にわたり行われていた。山田洋行は、06年度までの5年間、防衛庁・省から総額174億円の契約を受注していたが、その9割以上が競争入札によらない随意契約だった。

2003年1月の閣議了解で、大災害などの緊急事態に備える対応を決め、内閣危機管理監や防衛省運用企画局長は、土日でも30分以内に徒歩でこられる場所にいることになっている。防衛省の元幹部は、「〔守屋氏と〕日曜日に連絡が取れないことがあった。今思えばゴルフ中だったのだと思う」と語った（『読売新聞』2008年10月30日付）。記録によれば、豪雨災害に派遣された自衛隊員が泥にまみれているときも、トップの事務次官はゴルフをやっていたわけである。これを明らかにした証人喚問もまた、憲法が議院に与えた国政調査権の具体化なのである。

### ◆ 国政調査権とは何か

憲法62条は、「両議院は、各々国政に関する調査を行ひ、これに関して、証人の出頭及び証言並びに記録の提出を要求することができる」と定める。2つの議院のそれぞれの権限なので、参議院だけでやることもできる。議院規則では、委員会を主体にしている（衆議院規則94条、参議院規則33、35条）。そこでの審査や調査の必要から、内閣や官公署に報告や記録の提出を求めることができるが、その場合、内閣などは「その求めに応じなければならない」とされている（国会法104条1項）。かなり強い義務づけである。報告や記録提出ができないときは、その理由を明らかににしなければならない（同2項）。議院側がそれに納得しないときは、内閣は「国家の重大な利益に悪影響を及ぼす」という声明を出す（同3項）。その場合は記録提出などを免れる。でも、この声明が10日以内に出されないと、内閣は記録提出などをしなければならない（同4項）。何段構えにもなっているのは、内閣側に記録提出などを拒否できる余地を残すという「工夫」のあらわれともいえる。現行法上の限界ないし問題点の1つである。

証人喚問はどうか。議院証言法によれば、正当な理由なくて、証人として出頭することを拒否したり、証言を拒んだり、書類を提出しなければ、1年以下の懲役または10万円以下の罰金に処せられる（同法7条1項）。また、宣誓した証人が虚偽の陳述をしたときは、3月以上10年以下の懲役である（同6条1項）。偽証罪である。証人喚問はこのような強制力によって証言を求めるもので、その意味で、国政調査権は、けっこう強力な権限なのである。

この国政調査権の法的性質をどう考えるか。学説は、独立権能説と補助権能説とに分かれる。加えて、国会・内閣・裁判所というトリアーデ（三角形）のなかで、行政府に対する監督機能を特に強調する説から、国民の「知る権利」を保障する

---

➡ **証 人**

国会の各議院や裁判所などの機関に対し、自己の経験から知ることができた事実の供述を命ぜられた第三者。その供述を証言という。本文の国会の国政調査権についての議院証言法（議院における証人の宣誓及び証言等に関する法律）における証人と、裁判所の訴訟についての民事訴訟法と刑事訴訟法における証人がある。

証人は、出頭・宣誓・証言の義務を負い、各議院による証人の喚問は本文の通りで、裁判所による証人の尋問は誰に対しても原則できる（民訴法190条以下、刑訴法143、150条以下）。本文に加え、有罪判決を受けるおそれや医師等の一定の場合の証言拒絶権（議院証言法4、5条、民訴法196条以下、刑訴法144条以下）と、旅費や日当の請求権（議院に出頭する証人等の旅費及び日当に関する法律、刑訴法164条）を証人は有する。また、刑事訴訟で、被告人は、証人審問権と証人喚問請求権（憲法37条2項）を有する（→㉖）。

ための情報提供機能を重視する説もある。国政調査権にはそれぞれの側面があり、いずれも重要な機能と評価することができるだろう。

この点、独立権能説は、国政調査権を、国会を構成する各議院が、国会が有する諸々の権能とは別個に、単独で、国政に関する調査を行うことができると解釈する。この説をとれば、「国政」の調査は、内閣や裁判所が行う活動に広範に及ぶことになる。これに対して補助権能説は、あくまでも国会が与えられた諸権能を補完ないし補助するものとみる。「国政」一般ではなく、立法権や条約承認権などと関連する事項ということになる。後者が通説とされている。

なお、補助権能説の「補助」という言葉は、誤解されやすい。補助だから軽いということにはならないからである。法案や予算などの審議に無関係な「国政」事項というのはむしろ少ないだろう。その意味では、国会の権能を「支える権能」といった方が正確だろう。いわば「支援権能説」である。だから、議論の仕方としては、国政調査権が及ばない領域・分野があるかどうか、あるとすればそれは何であり、どの程度までなら及ぶのかという形で、具体的に議論することが必要だろう。内閣・行政については、行政監督権という本来的役回りからして、全面的に及ぶと考えるべきである。

過去において国政調査権と司法権（→㉝）の関係が問われたことがある。浦和充子事件である。地方裁判所の具体的な判決について、参院法務委員会が担当検事を証人喚問するなどして調査を行い、事実認定と量刑を批判する報告書を出した。これに対して最高裁が参院に抗議したという事件である。検察が具体的な捜査を行っている事例、あるいは司法の場で審理中の事件について、国政調査権に基づき「並行調査」が可能かどうかについては議論がある。補助権能説に立ったとしても、一概にすべての調査が不可能ということにはならない。

なお、従来の国政調査権は、議会内少数派＝野党にとっては、内閣や行政をチェックする手段となってきた。2007年7月の参院選により、参議院で与野党が逆転し、これ以降、国政調査権の活性化が期待されたが、必ずしも活発に行われたわけではなかった。今後、国政調査権の再活性化が求められている。

衆議院での参考人質疑

2009年4月21日、衆議院海賊・テロ特別委員会における参考人（著者）。

主な疑獄事件

|  |  |
|---|---|
| 1947年 | 炭鉱国管疑獄 |
| 1948年 | 昭和電工事件 |
| 1954年 | 造船疑獄 |
| 1966年 | 共和製糖グループ事件 |
| 1968年 | 日通事件 |
| 1976年 | ロッキード事件 |
| 1979年 | ダグラス・グラマン事件 |
| 1980年 | KDD事件 |
| 1988年 | リクルート事件 |
| 1992年 | 東京佐川急便事件 |
| 1993年 | ゼネコン汚職事件 |
| 1998年 | 防衛庁調本背任事件 |
| 2004年 | 日歯連ヤミ献金事件 |
| 2006年 | 防衛施設庁談合事件 |
| 2007年 | 山田洋行事件 |
| 2009年 | 西松建設事件 |
| 2017年 | 森友学園・加計学園疑惑 |
| 2020年 | 「桜を見る会」疑惑 |

# 内閣と行政とは
## 首相は誰が選ぶ？

### ▶ 行政権・執政権・執行権

本文の「行政（権）」を消極的に定義する控除説に対して、次の積極説もある。この従来の行政法学の少数有力説は、「行政」を「法のもとに法の規制を受けながら、現実具体的に国家目的の積極的実現をめざして行われる全体として統一性をもった継続的な形成的国家活動」という。もっとも、多様な行政活動を全ては捉えきれていない。

また、「行政（権）」とは、議会の制定した法律の「執行（権）」とする説もある。

それにとどまらない広い直接的国家活動「執行」に「執政」と「行政」を含む次の有力説もある。特に、国政の基本方針・重要事項を決定し、行政各部を指揮監督する「執政（権）」を重視する説が有力である（執政＝内閣〔大臣〕、〔狭義の〕行政＝行政組織〔事務次官以下の官僚など〕という図式）。この説は、政治の説明責任確保や政官関係逆転のために（議会ではなく）内閣・内閣総理大臣に、政治的イニシアティヴと憲法的自立性を与えようとする。国会と内閣が協働する執政権説は、本文の議院内閣制や国民内閣制とも結びつく。

どの説が説得的か、法的統制の観点からも考えてみるのが重要である。

## ◆「行政権」とは何か

東京メトロ（地下鉄）の「国会議事堂前」「永田町」駅と、「霞が関」駅で降りて、それぞれの案内表示板を見ると、日本の国家機構の中枢がよく見えてくる。永田町1丁目7-1が衆参両院の国会の住所である。首相官邸は永田町2丁目3-1。そして、中央省庁の多くは霞が関1丁目から3丁目にかけて集中している。

一般的には「行政」とは、議会で作られた法律や政策を実施する主体のことを意味する。憲法学では、「行政」とは、「すべての国家作用のうちから、立法作用と司法作用を除いた残りの作用」という説がある。霞が関を軸に、最も大きな組織と人員を擁して、国民生活に密着した多様な活動を行うのが行政作用である。そのカバーする範囲は、きわめて広い。あまりに広範な内容に及ぶため、たとえば、立法のように「法律を制定すること」と定義したり、司法について「法を適用して紛争を解決すること」と定義したり、いわば「〜すること」という積極的な形で、その活動のすべてをとらえることは難しい。そこで、行政については消極的な形で定義が示される。これが行政の定義における「控除説」である。

## ◆ 内閣と内閣総理大臣

行政活動全体を統括する地位にあるのが内閣である。憲法73条には、内閣の事務として次のものが挙げられている。(1)法律の誠実な執行と、国務の総理、(2)外交関係の処理、(3)条約の締結、(4)公務員に関する事務、(5)予算を作成して国会に提出すること、(6)政令の制定、(7)大赦、特赦、減刑、刑の執行の免除および復権を決定すること。だが、内閣が行うことはこの7つにとどまらない。憲法が定めるものでは、天皇の国事行為への助言と承認（3条）、最高裁判所長官の指名（6条2項）、裁判官の任命（79条1項、80条）、国会の臨時会召集の決定（53条）、参議院の緊急集会要求（54条2項）、予備費の支出（87条1項）、決算、財政状況の報告（90条1項、91条）も行う。

内閣は、首長である内閣総理大臣（首相）、その他の国務大臣（閣僚→❸）によって構成される。内閣総理大臣の地位は、戦前においては「同輩中の首席」だったが、戦後は「内閣の首長」となった。その違いは相当大きい。戦前は他の大臣と同じランクである。だから、陸軍大臣が異議を申立て、それに対して首相は何もできず、内閣が総辞職に至ったこともある。だが、現行憲法のもとでの内閣総理大臣には、その意向に沿わない国務大臣を「任意に」罷免することができる（68条2項）。これは、内閣総理大臣が内閣を統率するための権限である。2005年8月、いわゆる「郵政解散」に反対して閣議署名を拒否し、辞表を提出した島村宜伸農水大臣の辞任を認めず、小泉純一郎首相が即座に罷免した例がある。

内閣総理大臣には、閣議を主宰する権限、閣議において重要政策を発案する権限、行政各部門の指揮監督権限、主任大臣間の権限の疑義についての裁定権、自衛隊の最高指揮監督権などが与えられている。

## ◆ 議院内閣制と大統領制の違いは？

ちょっと角度を変えて、議院内閣制の特質について考えてみよう。

立法権（議会）と行政権（**政府**）の関係を軸にして統治形態を分類すると、①大統領制、②議会統治制、③議院内閣制の3つに分けられる。①大統領制（アメリカ型）では、国民が行政府の長を選挙し、行政府は議会に責任を負わずに独立して存在する。②議会統治制（スイス型）では、行政府は議会に構造上従属し、その1つの委員会に等しい。これらに対して、③議院内閣制は、行政府たる内閣が議会に対して責任を負い、その信任を存続の条件とするような政治システムをいう。このようなシステムは、18世紀から19世紀にかけて、イギリスにおいて成立した。当時の議院内閣制は、君主 vs. 議会という対立構造を回避しながら、内閣が君主と議会の間に入り、その抑制・均衡をはかるという二元的構造をとっていた。だが、19世紀半ば以降、君主が名目化する傾向が強まるなかで、行政権の実質は内閣に移るようになり、内閣が議会の信任に基づいて存在する一元的構造が支配的となる。このタイプは、議会優位型の権力分立のしくみとして、各国の憲法に広く見られるようになる。日本国憲法の議院内閣制も同様である。

議院内閣制の本質をどう見るかをめぐり、均衡本質説と責任本質説とが「対立」する。前者が、議院内閣制を、国家機関（ここでは2つの）相互の抑制・均衡関係に重点を置いて説明するのに対して、後者は、内閣の議会に対する責任こそ議院内閣制の本質であるとする。その後、議院内閣制を、「均衡」か「責任」かで割り切るのではなく、それを、「内閣―（選挙民）―議会」という「三極構造」のなかで再構成する必要を説くものや、「国民が首相を選出し、国民が内閣を不信任する権利を有するように機能する」と評価する「国民内閣制」論も出てきた。問題意識はやや異なるが、国家機関の相互関係の問題として論じられる傾きのあった議院内閣制の問題を、民主制論のなかで位置づけなおす試みといえる。

日本国憲法に即して見れば、議院内閣制のあらわれとして挙げられるものとして、次の5点がある。(1)首相（内閣総理大臣）は、国会議員のなかから国会の議

⇒ **政府**
　広くは、三権すべて含めた「統治」機構の意味。早くに近代市民革命（→❶）が貫徹したアメリカでは、三権を総じて government と呼ばれることが少なくない。逆に、革命が不徹底だったドイツや日本という国家では、議会に対する君主の沿革から内閣（大臣）・行政組織（官僚）ないし「行政府」のみの狭い意味。

永田町・霞ヶ関・隼町マップ

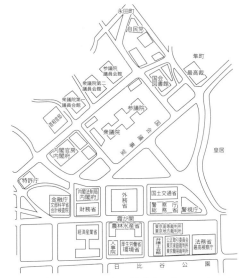

中島誠『立法学［第4版］』〔法律文化社、2020〕より
三権は、こんなにも近い。

中曾根憲法試案

若き中曾根康弘は、首相公選の根拠として「マスコミの驚異的発達」をあげ、国民が政治家を皮膚で感じられるとしていた。1961年のことである（くわしくは次頁）。

決で指名される（67条1項）、(2)国務大臣の過半数は国会議員でなければならない（68条1項）、(3)国会に対する内閣の連帯責任（66条3項）、(4)内閣不信任制度と、内閣による衆議院の解散（69条）、(5)総選挙後に国会の特別会を召集し（54条1項）、その召集時に内閣は総辞職する（70条）、である。

これに対する大統領制は、アメリカなどで採用されており（→❶）、政府の長である大統領は議会に対して政治的な責任を負わない。大統領は、国民が選ぶ。連邦議会の議員である必要はなく、実際に連邦議会議員をキャリアとして大統領に就任したのは、L・ジョンソン以降、B・オバマ、J・バイデンなどである。ここ数代では州知事出身が多いようだ。G・W・ブッシュ、B・クリントン、R・レーガン、J・カーターなどは、ともに州知事出身の元大統領である。連邦議会出身というキャリアは重要ではなく、むしろワシントン政治の外側にいた人物の方が有利であるようにも見えるのが興味深いところだ。すなわち、大統領は立法とはまったく無関係に選ばれるということであり、立法と行政が完全に分離しているというシステムのあり方をうかがうことができよう。

立法と行政の融合、分離の違いは、大臣の選ばれ方においても現れている。一方の、日本の議院内閣制における大臣は、内閣構成員の過半数が国会議員でなければならないが、半数に至らない程度で目一杯、民間人を任命することも理論上は可能である。ただ、与党の大臣ポストをめぐる事情から、せいぜい2ないし3人が限度のようである。

他方、アメリカ大統領制では、長官の人事についてこのような制約は存在しない。「竹馬の友」や後援会メンバーなど、いくらでも自由に任用することが可能である。ただ、連邦議会の議員を長官に任用することは可能だが、長官に就任したら議員職は辞任しなければならない。立法府と行政府の分離は、大統領制においては徹底している。

立法への関与についても、議院内閣制と大統領制は大きく異なる。日本の国会に提出される法案の3分の2は内閣による「閣法」である。法案を実際に作っているのは霞ヶ関の中央省庁だが、法案を提出するのは内閣総理大臣である。立法は国会の役割であるが、法案を国会に提出する役割は内閣総理大臣の重要な権限である。これとは対照的に、アメリカでは立法は議会の役割であり、大統領が政府を代表して法案を議会に提出することはできない。

### ◆ 首相公選論──大統領型首相？

ところで、日本で、大統領型の首相に強い関心をもった人が2人いる。1人は若き日の中曾根康弘衆院議員（1982-87年に首相）である。彼は『高度民主主義民定憲法草案』（1961年1月）を起草し、内閣首相と副首相を、衆院総選挙と同時に国民が選ぶ仕組みを提唱した。中曾根がモデルにしたのはアメリカ型大統領制（後に、フランス第5共和制の新二元型も）である。次に、首相公選に関心をもったのは、2000年から2001年はじめにかけての時期の小泉首相である。検討会を立ち上げたものの、すぐに飽きてしまい、報告書もほとんど注目されなかった。

そもそも、日本で首相を国民の直接選挙で選ぶには憲法の改正が必要である。自民党の最新の改憲案（2012年）にも、首相公選の仕組みは含まれていない。

「同輩中の首席」にすぎなかった帝国憲法下の首相と比べ、現在の首相はすでにかなり強力な権限をもっている。行政府のトップをプレビシット的国民投票（→㊴）の手法で選ぶとした場合、国会の代表機能の低下が生じないかという問題がある。直接に「民意」を体した首相は、議会への責任を免れる。中曾根草案を見ても、公選首相には強力な権限が付与されている。それに対する議会統制の開拓を追求しない限り、バランスを欠く。また、公選首相は、国会を経由するこ

となく、直接に国民と結びつき得る。政治的争点が過度に単純化される傾向があり、国民のなかにも、短絡的な対応が出てくる可能性もある。2005年9月の総選挙は、小泉首相により「郵政民営化に賛成か、反対かの国民投票だ」という形に強引に争点を絞り上げられた。その結果生まれた与党300議席が何をやったのか。問題ある法案の強行採決を連発し、任期を前に人気がなくなり何人もの首相が次々辞め、政治は混乱した。首相公選論を、中曾根・小泉元首相を含めて、口にすらしなくなったのは偶然ではないだろう。

### ◆ 内閣機能の強化と「官邸主導」

「首相公選」には誰も触れなくなったが、首相・内閣を軸とした「政治主導」の仕組みを確立するという流れは、2005年の憲法調査会報告書（特に衆院→❷）のなかでも有力な意見として紹介されている。小泉内閣のもとでは「官邸主導」の政策決定が強調され、郵政民営化などの問題で強引に実行されていった。

2009年9月に発足した民主党政権は、「政治主導」を全体の基軸に置き、さまざまな「改革」を進めようとした。当時の民主党首脳の一人、小沢一郎は「国民主導政治確立基本法案」を提案したことがある（2003年7月）。官僚が国会審議や議員の活動に口を出すことを禁止し、国会議員と一般職国家公務員との接触も制限する。委員会審議は政治家同士の真の討論の場とするなどを柱としていた。官僚答弁の禁止がこうじて、内閣法制局長官の国会答弁の禁止も提起していた。関連法案として、「内閣法制局設置法を廃止する法律案」があった。2012年12月に発足した安倍政権は、民主党政権の下で廃止された事務次官等会議を「次官連絡会議」として復活させたが、集団的自衛権問題（→❼）にみられるように「官邸主導」「政高党低」の傾向は続いている。

各国の統治機構の略図

(1) イギリス（イングランド・ウェールズ）

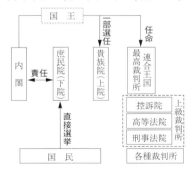

(2) アメリカ合衆国

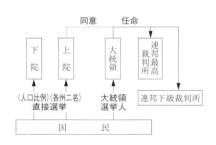

(3) フランス

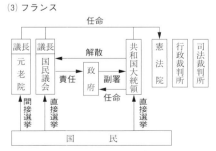

(4) ドイツ

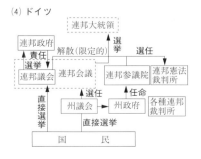

樋口陽一・大須賀明編『日本国憲法資料集［第4版］』〔三省堂、2000〕を基に新たな改革を一部加筆

# 33 司法の独立とは
### 裁判官の職権の独立は？

### ■司法
具体的な争訟（事件）について、法を適用し、宣言することによって、これを裁定する国家の作用といわれる。日本国憲法下では、民事事件・刑事事件のみならず行政事件も含めた裁判作用が司法権に属する。特別裁判所の禁止（76条2項）は、行政裁判所も（9条もあいまって）軍事裁判所〔軍法会議〕も禁止している。

### ◆ 児島惟謙大審院長のもう1つの顔

関西大学の正門を入り、グランドを右手に見ながら坂を登り切ると、木々に囲まれて1つの像がある。児島惟謙。関西大学の前身・関西法律学校の創立者である。一般には、「大津事件」の名と結びついて、「司法の独立」を守った大審院長（現在の最高裁長官）として、日本史の教科書にも出てくる。

1891年5月11日（月曜）午後1時50分頃。大津市京町通で、訪日中のロシア皇太子（後のニコライ2世）が、警護の巡査・津田三蔵にサーベルで斬りつけられ、頭部右側2カ所を負傷した。法的には、津田は謀殺未遂に該当し、刑は最高でも無期徒刑である（旧刑法292、112条）。だが、対ロシア関係の悪化を恐れた政府は、津田に「皇室に対する罪」（116条）を適用させようとした。これなら、「天皇三后皇太子ニ対シ危害ヲ加ヘ又ハ加ヘントシタル者ハ死刑ニ処ス」ということで、既遂、未遂を問わず死刑にできる。「皇室に対する罪」の管轄は大審院で、一審で終審である。政府は御前会議でその適用を了解し、検事総長を経由して、大津地裁に対して、管轄違いの言渡しをするよう圧力をかけた。大津地裁はこれを受け入れ、予審を終結。大審院特別法廷に移された。

大津地裁の場で開かれた大審院特別法廷には、7人の裁判官がかかわる。彼らに対して閣僚が直接説得するなど、政府の圧力は凄まじかった。大審院長児島惟謙は、「意見書」を首相に提出して抵抗。旧刑法116条が保護するのは「日本の皇室」であって、ロシアの皇太子はこれに含まれないと主張した。児島は、自ら現地に赴き、裁判官の説得工作も行った。こうして7人中5人の裁判官が児島に同調。5月27日、大審院特別法廷は、謀殺未遂で、津田に無期徒刑を言い渡した。

児島は「護法の神」などといわれてきた。しかしてその実態は、司法部の威信は確保したものの、担当裁判官の職権の独立を侵害するものだった。さらに、児島自身、決して「司法の独立」を守るという純粋な目的だけで動いたわけではなかった。法相への「意見書」にも、「司法の独立」への言及はない。

大津事件は、「司法の独立」を守った事例として簡単に片づけることなく、「裁判官の職権の独立」というアングルから見直すことが必要だろう（家永三郎『司法権独立の歴史的考察［増補版］』〔日本評論社、1967〕参照）。

### ◆ 司法権・裁判所・裁判官の独立

司法権の独立は、次の3つの要素からなる。(1)裁判所が他の国家機関から独立していること（司法府の独立）、(2)裁判官が職権行使にあたり、他の国家機関等から介入・干渉を受けないこと（裁判官の職権の独立）、(3)裁判官が罷免・懲戒・報酬などの点で特別の扱いを受けること（裁判官の身分保障）である。

司法府の独立においては、裁判所が司法権を独占し、特別裁判所の設置が禁止されていること（76条1、2項）、最高裁の下級裁判官の指名権（80条1項）、規則制定権（77条）、さらに裁判所経費の独立予算性（83条）などが保障されていることが重要である。ここまでは、他の国家機関との関係で緊張関係に立つような

事態は当面さほど問題にならなかった。今日、司法権の独立を考えるときに重要なのは、裁判官の職権の独立と、裁判官の身分保障の具体的ありようである。

憲法76条3項は、「すべて裁判官は、その良心に従ひ独立してその職権を行ひ、この憲法及び法律にのみ拘束される」と定める。ここでの「良心」とは、客観的な「裁判官としての良心」をいう（客観的良心説）。この「裁判官としての良心」を発揮するには、身分が安定していなければ話にならない。そこで、憲法は裁判官の身分保障をさまざまなアングルから配慮している。

まず、裁判官については、他の公務員と異なり、行政機関による懲戒は許されない（憲法78条後段）。裁判官が意に反して地位を失うのは、次の3つの場合だけである。(1)心身の故障で職務が執れないと裁判で決定された場合（憲法78条前段、裁判官分限法）、(2)公の弾劾による場合（同、裁判官弾劾法）、(3)最高裁裁判官のみ、国民審査で、罷免を可とする投票者が多数の場合（憲法79条2、3項、最高裁判所裁判官国民審査法32条）。(2)の「公の弾劾」による罷免は、国会に設置される裁判官弾劾裁判所の裁判による（憲法64条→❸）。罷免の理由は、(a)職務上の義務への著しい違反、(b)職務の甚だしい懈怠、(c)職務内外での裁判官の威信を著しく失わせる非行、の3つである（裁判官弾劾法2条）。

下級裁の裁判官の任期は10年であり、「再任されることができる」（憲法80条1項）。10年毎に、特段の理由のある不適格者を排除することに主眼があり、特段の理由がない限り再任を原則とすべきとする説が支配的である。さらに、裁判官は、定期的報酬と在任中の減額禁止が保障される（憲法79条6項、80条項）。

裁判官の職権の独立は実にデリケートである。さまざまな方向から侵されやすい。

### ◆ 国会 vs. 裁判所——浦和事件と吹田黙祷事件

1949年に起きた浦和充子事件。「親子心中」事件の判決について、その量刑が軽すぎるとして、参議院法務委員会はこれを国政調査の対象とし、被告人を証人として喚問し、地裁の3裁判官の量刑は不当という決議まで行った。これに対して最高裁は、個々の事件の事実認定や量刑の当否を審査したりすることは、司法

児島惟謙像

関西大学千里山キャンパス内にある児島惟謙の像。同大には児島惟謙館がある（阪急千里線関大前駅下車徒歩7分）。

旧札幌控訴院の正義の女神

「正義の女神」の目隠しが強調されている。

権の独立を侵害し、国政調査権（→㉛）の範囲を逸脱するものである、と参院側に抗議した。この事件の教訓から、現に裁判所に係属中の事件についての調査は許されないという学説が定着した。判決確定後の調査については説が分かれるが、裁判内容に及ぶことになるから許されないという説が有力である。

吹田黙祷事件（1953年）は、裁判官の訴訟指揮が国会の裁判官訴追委員会で問われたケースである。公判中、朝鮮戦争の休戦にあたり傍聴人が法廷で黙祷・拍手をしたことを、担当裁判官が制止しなかったことが問題とされたもの。最高裁は、公判中の事件を調査することは、裁判への干渉のおそれがある、と国会に申し入れるとともに、「まことに遺憾である」という通知を全国の裁判所に送った。2つとも憲法制定後まもない時期の事件でもあり、これらが「先例」となって、その後は国政調査権との間で問題を生ずることはなくなった。

### ◆ 司法行政 vs. 裁判官——平賀書簡問題と再任拒否事件

裁判官の職権の独立は、司法の内部統制との関係でも問題となる。今日では、むしろこちらの方が問題の中心といえる。すでに吹田黙祷事件でも、その片鱗があらわれていた。最高裁の通達「法廷の威信について」は、裁判官の個々の訴訟指揮を方向づける狙いももっていた。

裁判官の職権の独立が、司法の内部で具体的に侵害された事例として、平賀書簡問題（1969年）は有名である。これは、札幌地裁の長沼ナイキ基地訴訟（→❷㉟）で、担当裁判長の福島重雄に対して、地裁所長の平賀健太が私的書簡を送り、執行停止の申立てを却下するよう示唆したもの。福島裁判長は不当な干渉としてこれを公表した。国会の裁判官訴追委員会は福島裁判長の書簡公開行為を問題にし、平賀不訴追、福島訴追猶予という結論を出した（札幌高裁は福島裁判長を注意処分に）。裁判所の所長が担当裁判長に対して特定事件の内容的指示を行うことは、裁判官の職権の独立を侵害する。このことが十分に問われることなく、書簡の公表に問題は矮小化されてしまった。その後、その福島元裁判長が、35年の沈黙を破って平賀書簡問題の真相を語った（福島重雄・大出良知・水島朝穂編『長沼事件 平賀書簡——35年目の証言』〔日本評論社、2009〕参照）。

70年代に入り、政府・与党は、青年法律家協会に所属する裁判官への圧力を強めた。その一環として、宮本康昭裁判官再任拒否事件（1971年）が起きた。最高裁は再任するか否かは自由裁量であり、理由を述べる必要はないとして、再任拒否理由を明らかにしなかった。

### ◆ 裁判官の独立は守られているか——俸給格差から裁判員制度まで

現在の裁判所定員法では、裁判官の定員は、高裁長官8人、判事1953人、判事補1000人、簡裁判事806人となっており、これに最高裁判事15人も加わる（そのうち女性の割合は2割程度）。諸外国と比較しても、決して多い数字ではない。下級裁判所の裁判官は年間200から300の事件を担当し、なかには400件以上という裁判官もいる。

日本の裁判官は超多忙である。こうした裁判官に対して、さまざまな手法を使った「統制」も行われている。最高裁判官会議が形骸化し、代わって権限を肥大化させた最高裁事務総局を中心に形成された司法官僚層が、裁判所を支配しているといわれる（ネット46編『裁判官になれない理由』〔青木書店、1995〕）。その手法の1つは任地である。全国の裁判所を大都市・中都市・小都市の3つにわけ、ほぼ3年のローテーションで平等に回っていくが、かつては機会均等型の任地政策だった。1975頃からこれが改められ、「適材適所主義」がとられ、中枢型、中核型、小都市型というパターンが固定化された。その結果、たとえば、最高裁事務総局

と東京・大阪を中心に回る層と、地家裁支部を回る層が生まれた。自衛隊違憲判決（1973年）を出した福島裁判官は、家裁まわしを12年間された末、任期途中で辞めた（現在、弁護士をしている）。

報酬の問題も無視できない。前述のように、裁判官の報酬保障は憲法事項である。しかし、現実は巧妙な形で、報酬による「差別」が行われ、それが裁判官の独立にも微妙な影を投げかけている。判事1号俸と8号俸との格差は2倍、判事補12号俸とは6倍近いという。3号俸への昇給が1つの山で、同期でも、大都市勤務の3号俸と地方勤務の4号俸とでは、年収でかなりの格差が生まれる。子どもの教育との関係で、大都市志向は強くなる。そこを、巧みにつく。任地と報酬は、「考課調書」（裁判官えんま帳）により、最高裁事務総局が一方的に決定する。事務総局の「おぼえめでたい判決」を書くような「ヒラメ判事」（眼が上にしか向いていない）を生む「構造」がここにある。

2004年の裁判員法により、2009年5月に発足した**裁判員制度**は、この国の司法をどのように変えていくだろうか。この制度は、「司法制度改革」の目玉の1つであるが、陪審制と参審制のやや歪んだ折衷型で、事実認定よりも量刑に傾きがちである。実際、無罪か有罪かよりも、刑の重さ（死刑か無期か）に実際の裁判も、世間の関心も集中した。裁判員制度は、発足して以来、問題が多すぎる。「市民参加」という心地よい響きにひきずられて、実は裁判官に対する統制が進むなかに市民が加わることで、裁判官の職権の独立に対する圧力の新しい形として機能する面がないとはいえない。また、「無罪の発見の場」としての刑事裁判の本質を歪め、処罰感情の「民主的反映」の場と化す危うさももっている。公判前整理手続、ビジュアルな「わかりやすい裁判」、仕事を休めない裁判員のための短期間審理等々。これらが刑事裁判にマイナスに作用するおそれはないか。裁判員制度を、市民参加の望ましい形である陪審制の方向に組み換えていくことが、いずれ課題となってくるだろう。

➡ **裁判員制度**

事件ごとに選挙人名簿から無作為に選ばれた国民が、裁判官とともに合議で、重大な刑事事件の事実認定と、法令の適用・量刑に関与する制度。対象事件は、死刑または無期の懲役もしくは禁固にあたる罪にあたる罪に関する事件、裁判官3人を要する法定合議事件であって故意の犯罪行為により被害者を死亡させた罪に関する事件。合議体は、原則、裁判官3人、裁判員6人。詳しくは、18歳から刑事法を学びはじめることもおすすめする。

なお、裁判員制度違憲訴訟では、ストレス障害を発症した裁判員経験者の「意に反する苦役」からの自由や、裁判「官」の独立が争点となっている（憲法18、76条3項）。

『長沼事件 平賀書簡』

福島重雄元裁判長の証言と日記に基づいて書かれている（前掲書）。判決後の日記（9月20日付）にこうある。「あたりまえのことをあたりまえのように判決しただけなのだ」と。

また、1959年砂川事件最高裁判決（→❷）においても、D・マッカーサー2世駐日大使と田中耕太郎最高裁長官との密談によって司法の独立が侵されたことが、2008年に明らかになった。布川玲子・新原昭治編著『砂川事件と田中最高裁長官——米解禁文書が明らかにした日本の司法』〔日本評論社、2013〕も参照。なお、砂川判決は集団的自衛権（→❼）を争点としていない。

裁判員PRキャラ

裁判員制度発足前に、最も制度の宣伝に熱心だったのは検察庁だった。各地検はそれぞれキャラクターをつくって宣伝した。甲府地検は武田信玄の格好をした「信ちゃん」である。新聞は、「裁判員PRでキャラ乱立。効果に疑問も」と書いた（『読売新聞』2008年5月24日夕刊）。

## 34 裁判官弾劾裁判所なんていらない？

### ◆ どこにあるか知っていますか

最高裁判所がどこにあるかを知っている人でも、「裁判官弾劾裁判所はどこにあるの」と聞かれて答えられる人は少ないだろう。でも、これは高校までの公民や政経の教科書に、権力分立（→㉙）の解説などで必ず登場する。言葉として有名でも、その現実の姿はほとんど知られていない。

この 1999 年以来、私は担当する 1 年導入ゼミの学生たちを連れて、毎年 1 回必ず見学している。東京地裁で裁判傍聴をしたあとに国会周辺を散策しながら向かう。場所は永田町の自民党本部の隣、参議院第二別館（南棟）9 階である。当初は旧赤坂離宮（迎賓館）内にあったが、1970 年に参院議員会館内に、1976 年に現在の場所に移った。法廷は旧最高裁大法廷をモデルにした 193 平米の立派なもの。合議室や裁判長室、事務局を含め、全フロアを使用している。

最近ここが使われたのは、電車内で女性のスカート内の盗撮をしたとされた大阪地裁の判事補の事件判決（2013 年 4 月 10 日）である。その前の宇都宮地裁判事のストーカー事件判決（2008 年 12 月 24 日）から約 4 年半が経過していた。そもそも罷免訴追自体がきわめて少ない。1947 年の制度発足以来、罷免訴追事件はわずか 9 件。1948 年訴追の最初の 2 件は不罷免。最初の罷免は、1956 年の帯広簡裁判事のケースで、事件記録を放置して多数の略式命令請求を失効させたというもの。他に、罷免された裁判官の資格回復裁判請求事件が 6 件ある。

10 年に 1 度あるかないかの事件に備えて、14 人の裁判員と 8 人の予備員が任期ごとに選ばれ、1 年ごとに裁判長が交代する。10 人程度の職員の事務局が存在する。事務局は「粛々と」裁判所の維持・管理にあたっている。当世風の「小さな政府」的発想や費用対効果の観点からすれば、「壮大なる無駄」といえるかもしれない。では、「裁判官弾劾裁判所なんていらない！」といってよいだろうか。

### ◆ 裁判官弾劾裁判所の役割

一般に「弾劾」とは、大統領や裁判官など、強い身分保障を受けた公務員（→❸）が非行をおかした場合に、国民の代表がその者を罷免する制度をいう。14 世紀後半の英国で、国王任命の大臣や裁判官が非行をおかした場合に、議会の裁判により罷免する制度として発足したものである。日本国憲法 64 条 1 項は、「国会は、罷免の訴追を受けた裁判官を裁判するため、両議院の議員で組織する弾劾裁判所を設ける」と定める。裁判官弾劾法は、憲法の規定を受けて制定された憲法付属法である。

ところで、裁判官弾劾裁判所の存在意義は、2 つの角度から説明されてきた。1 つは、憲法 15 条 1 項の「公務員の選定罷免権」の具体化、つまり「裁判官の民主的統制」というアングルである。そこまでいわなくても、裁判官罷免の権限を、国民代表機関たる国会にのみ与えたことは、15 条 1 項ルート（公務員一般に対する国民のチェック）からの説明が可能だろう。もう 1 つは、司法権の独立（76 条 3 項）の一環としての「裁判官の身分保障」の徹底というアングルである（→㉝）。

---

**➡ 弾 劾**

本文のように、身分を保障された公職者の非行を議会等が訴追・罷免または処罰する特別手続。刑罰も科す刑事裁判的なイギリス型や、罷免だけのためのアメリカ型がある。アメリカ憲法（→❶）は、大統領ほかすべての文官に対し、訴追権を下院に、裁判権を上院に帰属させる（2 条 4 節、1 条 2 節 5 項、1 条 3 節 6 項）。ドイツ基本法（→❸）では、大統領に対して連邦議会または連邦参議院の議決により連邦憲法裁判所へ訴追でき（61 条）、連邦裁判官に対しては連邦議会の申立てにより連邦憲法裁判所で罷免できる（98 条 2 項）。韓国憲法では、大統領に対する国会の弾劾後、憲法裁判所の弾劾審判を定め（65、111 条 1 項）、法官と憲法裁判所裁判官の弾劾罷免の定めもある（106 条 1 項、112 条 3 項）。本文のように、日本の裁判官弾劾はアメリカ型に近い。また、国会が訴追し、最高裁が行う人事官弾劾裁判もある（国家公務員法 8、9 条）。

裁判官は、心身故障のため職務執行が不可能といった例外的事態を除いて、「公の弾劾によらなければ罷免されない」(78条)。罷免理由は、職務義務の著しい違背と職務の甚だしい懈怠のほかに、「職務の内外を問わず、裁判官としての威信を著しく失うべき非行」である（裁判官弾劾法2条）。「内外を問わず」ということは、私生活上の非行も理由となる。

裁判員の数は計14人。衆参両院から7人ずつ選ばれる（法廷に向かって左が衆院、右が参院）。裁判長は1年交代で、衆参両院からそれぞれ選ばれる。2015年は衆院議員が裁判長なので、裁判長席は真ん中より1つ左側にずれている（前年は1つ右側）。両院対等の観点が制度設計上重視された結果、最高裁大法廷のように長官の左右に7人ずつ座るという「美形」がとれなかったのだろう。

裁判所である以上、司法裁判所のもつ形式と内容がほぼ確保されている。裁判員の職権の独立も保障されている（裁判官弾劾法19条）。国会閉会中でも職権行使が保障されており（同4条）、憲法が認めた独自機関として活動能力をもつ。

弾劾裁判所は罷免の訴追を待って活動を開始する。訴追を行うのは裁判官訴追委員会である。各議院から10人ずつ選出される訴追委員（予備員は各5人）によって構成される。職権の独立も保障される（同8条）。裁判官の訴追請求は「何人も」行うことができる。なお、裁判官訴追委員会事務局は衆議院第二議員会館内に置かれている。裁判官に対する訴追機能と弾劾裁判機能を二院の議員で構成させ、各機能の場所を別々の院に設置させることで、権力分立性をより強めるような工夫もされている。

### ◆ 存在することに意味がある

60年以上にわたり、年間に何億ものお金をかけて、何年かに1度の事件に備える。裁判官の独立が最終的に確保される。これは民主主義のコストというよりも、「立憲主義のコスト」といえるだろう。この制度は一見無駄に見えるが、その存在そのものに意味があるのである。

### ↪ 裁判官懲戒、裁判官分限裁判

裁判官弾劾法2条のいう「著しく」「甚だしく」とまでいえない（曖昧だが）それより軽い程度で、「裁判官は、職務上の義務に違反し、若しくは職務を怠り、又は品位を辱める行状があつたときは、別に法律で定めるところにより裁判によつて懲戒される」（裁判所法49条）。裁判官分限法2条が、「裁判官の懲戒は、戒告又は一万円以下の過料とする」と種類を限定し（免職などはない）、同3条以下で、最高裁または高裁における分限事件の裁判手続を定める。司法権の独立の要請から「裁判官の懲戒処分は、行政機関がこれを行ふことはできない」のである（憲法78条）。寺西裁判官分限裁判（最高裁大法廷1998年12月1日決定）の多数意見と反対意見も参照。

裁判官弾劾裁判所のパンフレット

左側が2007年まで使われていたもの。右側は近年のバージョンである。

裁判官弾劾裁判所の法廷

裁判官席に人が座ることは滅多にない。裁判長席の私の両側には、1年ゼミの学生たち（18歳もいる）が緊張した面持ちで座っている。

# 35 違憲審査制の意味
「裁判官としてあたりまえのことを」

### ◆裁判所が自衛隊を違憲と判断した

　1969年7月、北海道長沼町の馬追山に航空自衛隊のナイキミサイルを配備するため、農林大臣が国有保安林の指定を解除する処分を行った。これに対して、周辺住民がその取り消しを求める行政訴訟を起こした。これが「長沼ナイキ基地訴訟」である。1973年9月7日、一審の札幌地裁は、自衛隊を憲法9条2項に違反すると判断。当該処分の前提となる「公益性」を否定して、処分を取り消した。(→❷㉝) 日本の裁判所が法令違憲の判決を出すことは、あまり多くはない。特に、平和や安全保障をめぐる問題ではきわめて珍しい。だから、自衛隊に対して正面から実体判断を行い、明快な法令違憲の結論を導いたこの判決に、当時20歳だった筆者は鮮烈な印象を受けた。その後、二審の札幌高裁は、代替施設（水害防止用のダム）整備などを理由に「訴えの利益」を否定し、原告の請求を棄却した（1976年8月5日）。上告審の最高裁も、「訴えの利益」なしの判断に絞って訴訟を終結させ、自衛隊の憲法適合性の問題には一切言及しなかった（1982年9月9日）。

### ◆具体的か抽象的か？──違憲審査もいろいろ

　憲法81条は、「最高裁判所は、一切の法律、命令、規則又は処分が、憲法に適合するかしないかを決定する権限を有する終審裁判所である」と定める。シンプルながら、多くの論点を含む重要な条項である。ここから、違憲審査の担い手は誰か、違憲審査の方式ないし性格はいかなるものか、違憲審査の対象は何か、違憲審査の方法と基準はいかに、違憲審査の効力はどこまで、といった論点が出てくる。そのなかで、ここでは、違憲審査制の性格にしぼって述べておこう。
　違憲審査制は、1803年の「マーベリー対マディソン事件」における米連邦最高裁マーシャル主席判事の宣言をきっかけに、憲法実践（プラクティス）によって定着してきた。このアメリカ発祥の違憲審査制は、あくまでも具体的事件との関連で、またその限りで、司法裁判所が法令等に対する審査を行うものであり、「具体的違憲審査制」ないし「付随的違憲審査制」と呼ばれる所以である。
　他方、ヨーロッパでは、議会中心主義的発想が支配的で、国民が選んだ議会が制定した法律を、国民が選んだわけでもない裁判官によって違憲・無効にすることに対する違和感も根強かった。ここには、違憲審査制と民主制（→❺）との微妙な緊張関係が存在する。フランスの第3共和制期は、裁判所の違憲審査の発想を否定していたほどである。それが、20世紀的な法現象の展開のなかで、裁判所による違憲審査のしくみが次第に普及していくことになる。
　その際、1920年オーストリア憲法の憲法裁判所が先鞭をつけた。ドイツも、基本法（→❸）のもとで、1951年に連邦憲法裁判所を発足させる。これは世界各国の憲法裁判所のモデルとなった。憲法裁判所型の場合、抽象的規範統制（具体的な事件を要件としない）により、客観的な憲法保障機能を営む。ただ、これの原告適格（訴えを提起できる資格）は、議員や政府などに限られる。また、憲法裁判

### •◦憲法判断（方法と回避）

　法令等が合憲か違憲かを裁判所等が憲法訴訟（→㋖）において判断すること。
　憲法判断の方法について、付随的違憲審査制の下の具体的事件では、「誰が、何を、いつ、どこで、いかに行ったか」という「司法事実」がまず必須である。そして、立法目的と目的達成手段の審査が重要である（→⓫）。その背景にある社会的・経済的・文化的な「立法事実」も重要である。また、法文の明確性などを検討する文面審査もある。
　憲法判断の回避について、広くは、憲法判断できるにも関わらず、あえて避ける手法を意味する。この1つに、本文の統治〔敵〕行為論がある。この最高裁判例は本文の1件のみである（砂川事件最高裁判決〔→❷㉝〕は混乱がある）。狭くは、法律の解釈・適用によって事件の解決ができるとして憲法判断に至らないことをいう。これは付随的違憲審査制と親和的で、通説は、裁判所が憲法判断を行う裁量を認める説に落ち着く（逆は憲法判断先行説）。恵庭事件（→㋖）や長沼事件（本文）で争点となった。
　また、違憲判断回避の手法の1つに、合憲限定解釈がある。これは、ある法律等について違憲の疑いがあるとき、これを除くように裁判所が法律解釈する手法である。

所型も、個人の権利救済の側面をもつ。ドイツの連邦憲法裁判所は、個人が基本権介入を理由に提訴できるルートを設けている（憲法異議）。当初は法律上の仕組みだったが、1969年の基本法改正で憲法上の根拠を与えられた。現在の事件数では、抽象的規範統制は少数で、憲法異議が9割以上を占めている。

ちなみに、「ベルリンの壁」崩壊以降、東欧諸国では、「立憲主義のルネッサンス」ともいうべき現象が起こった。議会が制定した法律を、「非民主的」機関である裁判所が違憲・無効とするシステムは、一党独裁（旧東独の場合はブロック政党制）が長く続いた東欧諸国においては、「人民民主主義」の不幸な体験を克服して、立憲主義を定着させるシンボルとなった。かくて、1990年代半ばまでに、東欧の国々で、憲法裁判所が新設されていくことになる。

このように、違憲審査のタイプには複数あって、政治機関が行う政治的審査のタイプ（フランス第5共和制の**憲法院**）を別にすれば、以上のような司法裁判所型と憲法裁判所型とに大別される。ただ、司法裁判所型も憲法裁判所型も、立憲主義の基本から考えれば、権力の統制と権利の保障という観点で、双方は相互に接近する傾向にある。司法裁判所型であっても、重大事件における違憲判断は、議会や政府に大きな影響を与え、当該事件限りの処理にとどまらないし、「一般的」な法律改正や制度改変を促すこともしばしばある。他方、憲法裁判所型も、上記の「憲法異議」制度とその運用実践を通じて、基本権侵害の救済という側面を発展させている。制度の固定的な理解ではなく、立憲主義の定着の方向にどのように発展させていくかが大切なのである。

### ◆ 日本の違憲審査制について

憲法81条の違憲審査制はいかなるタイプを選択したと理解したらよいか。学説は3つに分かれる。

第1説は、付随的違憲審査制説である。日本の制度がアメリカの制度にならったもので、かつ抽象的審査を認める憲法上の規定が欠如していることを理由とする。

⇨ **憲法院（フランス）**

1958年の第5共和制憲法によって創設されたフランスの憲法院は、大統領選挙・レファレンダム（→㊴）の適法性の監視や、非常事態宣言の諮問、大統領の障碍事由の判断、議員の資格争訟の裁定に加えて、法律や条約が憲法に適合するかどうかを事前審査する権限を与えられている。憲法院は、司法裁判所である破棄院や行政裁判所である国務院（コンセイユ・デタ）とは異なる政治機関であり、その創設の目的も、市民の権利や自由の保障のためというよりは、特に執行権との関係で議会の権限を限定し、監視することにあったといわれている。

2008年の憲法改正によって、係争中の事件において憲法違反の主張がなされた場合に、破棄院や国務院からの移送を受けて、法律の憲法適合性を事後審査する権限が追加されている。

最高裁図書館の入口

国会図書館は大きさ、蔵書数などで日本有数の図書館だが、最高裁図書館の存在はほとんど知られていない。法律書のみならず、ヨーロッパの画集や列車マニアのための鉄道写真集なども並んでいる。歴代の最高裁判事の趣味が反映したものかはわからない。

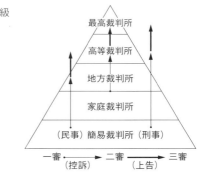

● 司法の合憲／違憲判断の積極／消極主義

裁判所が法律等に対する憲法判断を行うときの態度。政治部門に対して独自に判断する積極主義と、政治部門の判断余地を尊重して従う消極主義がある。特に憲法判断が問題になるが、合憲判断と違憲判断のそれぞれ積極主義と消極主義がありうる。日本の裁判所は、憲法判断回避・合憲限定解釈を用い、違憲判断消極主義と見られてきたが、合憲判断消極主義だったわけではない（積極的に「念のため合憲」という判決も少なくない）。なお、合憲性推定や二重の基準（→㉕）も関連する。宍戸常寿「最高裁と『違憲審査の活性化』」〔小特集 最高裁判所は変わったか〕法律時報 82巻 4号〔2010〕、座談会「違憲審査制と最高裁の活性化」論究ジュリスト 2号〔2012〕、市川正人ほか編『日本の最高裁判所』〔日本評論社、2015〕など参照。

第 2 説の抽象的審査説は、憲法 81 条は最高裁にだけ、通常の司法裁判所としての性格に加えて、抽象的審査を行う憲法裁判所としての性格を認めていると解する。これは、81 条の「最高裁判所は〔…〕終審裁判所である」という規定の仕方からして、最高裁に特別の位置づけを与えていると読み、また「司法」という概念自体が抽象的審査を含む相対的概念であるといった理由を挙げる。

第 3 説は、法律事項説ともいうべきもので、最高裁に憲法裁判所の権限を認めることは、憲法上否定も肯定もされておらず、司法裁判所としての機能を損なわない限り、法律によりそのような権限を与えることも可能だとする。

最高裁大法廷は、警察予備隊違憲訴訟（1950 年に自衛隊の前身・警察予備隊が設置された時、その違憲性の確認を求めて旧社会党委員長が最高裁に出訴した事件）において次のように判断した。「わが現行の制度の下においては、特定の者の具体的な法律関係につき紛争の存する場合においてのみ裁判所にその判断を求めることができるのであり、裁判所がかような具体的事件を離れて抽象的に法律命令等の合憲性を判断する権限を有するとの見解には、憲法上及び法令上何等の根拠も存しない」（1952 年 10 月 8 日判決）と。この判例を挙げて、学説上、81 条は付随的・具体的違憲審査制を採用したものとする理解が定着する。

憲法 81 条がアメリカ型の付随的違憲審査制を採用していると解するとしても、では、実際の日本の裁判所が、権利保障を徹底する方向で、政治部門の行った行為に対して、違憲審査を十分に行ってきたかといえば、はなはだ心もとない。

「憲法判断回避のルール」の研究はさかんに行われてきたが、問題は、いかなるベクトルにおいて、違憲審査制をアクティヴ化するかにある。その時々の政治部門の行為を迅速に憲法的に正当化してあげる、いわば「合憲判断積極主義」に堕するような裁判所なら、それは立憲主義の定着からみてマイナスだろう。改憲論にみられる「憲法裁判所」導入論のなかには、安易な秩序維持的方向での発想がないとはいえない。制度のスタイルを変えることにこだわるよりも、現行の付随的違憲審査制のまま、むしろ、中身を活性化させていくことの方が生産的ではないか。

## ◆ 統治行為論に逃げ込まなかった裁判官

裁判所に違憲審査権が与えられているからといって、どんな場合でも行使するわけではない。憲法判断をしないで問題を解決できる場合には、法律の解釈などで処理するのが筋とされる。ただ、憲法判断が可能にもかかわらず、あえてこれを控える手法の 1 つに、統治行為論がある。衆議院の解散の合違憲性が争われた「苫米地事件」で、最高裁大法廷はこう判断した。

「直接国家統治の基本に関する高度に政治性のある国家行為のごときはたとえそれが法律上の争訟となり、これに対する有効無効の判断が法律上可能である場合であつても、かかる国家行為は裁判所の審査権の外にあり、その判断は主権者たる国民に対して政治的責任を負うところの政府、国会等の政治部門の判断に委され、最終的には国民の政治判断に委ねられている」（1960 年 6 月 8 日判決）。

これは、その国家行為について法律上争うことが可能で、しかも裁判所が有効か無効かを判断できる条件が揃っている場合であっても、「あえて」審査をしないという理論である。なぜなのか。2 つの説明がある。

1 つは「内在的制約説」である。これは、高度に政治的な行為については、主権者国民に直接選ばれたわけではない、その意味で国民に直接政治的責任を負わない裁判所ではなく、国民によって選ばれた立法府、あるいは行政府の判断に委ねるのが合理的である、という考え方である。でも、そもそも裁判所とは最初からそのようなものであり、高度に政治的な行為というだけで、「あえて」審査をしない理由にはならない。衆議院の解散や議員の除名などは、そのような理屈を

持ち出さずとも、権力分立から説明が可能である。その意味では、「内在的制約説」は、権力分立原理を背後に置いているともいえる。

もう1つは「自制説」である。高度に政治的な行為について裁判所が審査を行えば、大きな混乱を生ずるから、裁判所は自制すべきであるとする理論である。その背後には、政治的行為については、政治的責任を負う政治部門が判断すべしという民主政の議論がある。「高度に政治性」といっても、問題となっている国家行為の性質や内容に応じては評価が分かれることもあるだろうし、「高度に」というのも曖昧である。条例は低度で、条約は高度ということに、当然にはならないだろう。過度の「自制」は、裁判所の任務放棄につながりかねない。

そんなとき、上記の長沼事件一審判決の一節が想起される。判決は、統治行為論を一般的には否定しないものの、憲法81条に基づいて裁判所が違憲審査権を積極的に行使すべき場合の要件として、次の3つを挙げている。

(1)「憲法の基本原理に対する黙過することが許されないような重大な違反の状態が発生している疑いが生じ」、(2)「その結果、当該争訟事件の当事者をも含めた国民の権利が侵害され、または侵害される危険があると考えられる場合」、(3)「裁判所が憲法問題以外の当事者の主張について判断することによつてその訴訟を終局させたのでは、当該事件の紛争を根本的に解決できないと認められる場合」、である。裁判所は、(2)について「原告らの平和的生存権〔…〕侵害のおそれが生じていると疑われる」ことを挙げて、憲法判断に踏み切った。憲法訴訟論の成果の蓄積からみれば、初々しいような「基準」だが、そこには、違憲審査制の「原点」ともいうべき視点があるように思えてならない。

筆者は、この判決を出した福島重雄元裁判長に直接質問する機会があった。福島元裁判長は「裁判官としてあたりまえのことをしただけ」と答え、こう続けた。「何も変わったことはやっていない。むしろ、憲法判断を避けた人に『どうしてそうしたのか』と聞いてほしい」（福島重雄・大出良知・水島朝穂編『長沼事件 平賀書簡——35年目の証言』〔日本評論社、2009〕）と。

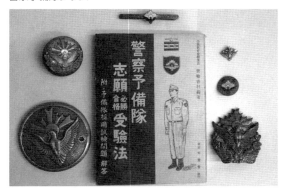

警察予備隊グッズ

警察予備隊の帽章、徽章、ボタンなど。警察の旭影の半分と鳩の組み合わせ。70年初頭まで自衛隊も使用していた。

最高裁大法廷の法令違憲判決

| 判決年月日 | 違憲とされた法令 | 根拠憲法条文 |
| --- | --- | --- |
| ① 1973年4月4日 | 刑法（200条）尊属殺重罰規定 | 14条 |
| ② 1975年4月30日 | 薬事法（6条）距離制限規定 | 22条 |
| ③ 1976年4月14日 | 公職選挙法（別表第1）衆議院議員定数配分規定 | 14条 |
| ④ 1985年7月17日 | 同上 | 同条 |
| ⑤ 1987年4月22日 | 森林法（186条）共有林分割制限規定 | 29条 |
| ⑥ 2002年9月11日 | 郵便法（68、73条）損害賠償請求制限規定 | 17条 |
| ⑦ 2005年9月14日 | 公職選挙法（附則8項等）在外邦人選挙権制限規定 | 15、43、44条 |
| ⑧ 2008年6月4日 | 国籍法（3条1項）非嫡出子国籍取得制限規定 | 14条 |
| ⑨ 2013年9月4日 | 民法（900条4号但書の前半）非嫡出子法定相続分規定 | 14条 |
| ⑩ 2015年12月16日 | 民法（733条1項）女性の再婚禁止期間規定 | 14、24条 |

法令違憲は以上10件のみと数えることができる。

適用違憲は政教分離違反（→❼）など12件ほど。

# 36 財政立憲主義と財政民主主義

18歳からはじめる憲法

### ◆マグナ・カルタ

イギリスのジョン王が、国王から封を直接受けていた諸侯やこれを支持する都市商人たちの要求（課税や軍役の反発）に応じて与えた勅許状。翌1216、17、25年に修正を加えられ再び公布された。これが現行法で最古となっている。前文と63か条からなり、たとえば、貢納金の徴収、財政面・軍事面での徴募、逮捕・差押え・拘留、司法・地方行政などについての国王の専制に対する制限が定められている。

もっとも、この文書は、本質的には封建制維持のためで、近代立憲主義の意味での権利保障を記したものではなかった（中世立憲主義）。後の17世紀、近代的な再解釈がなされ、イギリス人の自由の「大憲章」と意味づけられ、1628年権利請願、1689年権利章典、18世紀アメリカ独立などへの基盤となった。→❶も。

### ◆「お金」をもてあそぶ権力者たち

歴史を振り返れば、権力者はたいてい「お金」の問題で失敗している。1215年6月15日の**マグナ・カルタ** 12条は、国王の決定だけでは課税（楯金〔軍役代納金〕、援助金）できず、議会（一般評議会）の同意を必要とすると定めている（財政中世立憲主義）。これが「代表なければ課税なし」原則の元祖にあたるものである。この原則を守らず、勝手に負担を求めたり、負担分の増加を決めたりすると、大きな抵抗にあう。これは歴史が教えるところである。

長年にわたり掛け金を払い続けてきたのに、年金記録が無い。社会保険事務所（年金事務所）の窓口で、「領収書がなければダメです」と言われた人の気持ちを想像してみよう。まさか自分の記録が「消える」かもしれないから、念のため領収書を保存しておこうなどと思う人はまずいない。2007年に表面化した「消えた年金記録5000万件」というのは、まさに「国家的スキャンダル」だった。「社保庁が振り込め詐欺とは気がつかず」という川柳には、怒りを通り越した諦観すら感ずる。「消えた年金」問題を受けて、2007年7月の参院選で、自民党は歴史的大敗をきっした。

実は1989年の第15回参院選挙でも同じことが起きた。大型間接税は導入しないといっていた竹下内閣が、その年の4月1日から「消費税3％」を実施したからである。直後に行われた参院選では、国民の怒りや不満は投票行動にダイレクトに連動し、自民党は記録的惨敗をきっした。

国民への丁寧な説明をせず、またきちんと同意を得ないで税金（税率）に手をつけたり、大切な年金を粗末に扱ったり、と「お金」がからんだ後の選挙は、「一票一揆」になりやすい。それまで消費税増税を争点にして衆議院総選挙で信を問うという「正攻法」を与党は一度もとったことがなかった。それゆえ、消費税導入や税率アップなどの後に、改選期を迎えた与党参院議員が「犠牲」になるということがこの間、続いてきたわけである。

自民党に代わって2009年に政権をとった民主党も、消費税で墓穴を掘った。2012年に野田佳彦内閣は、消費税を5％から段階的に10％まで引き上げる「社会保障・税一体改革関連法案」を閣議決定し、成立させた。野党の幹事長時代に、消費税増税を批判していた人物が、首相になった途端、消費税10％の増税法案の成立に「命がけで」邁進した。「書いてあることは命がけで実行する、書いてないことはやらない」と、熱っぽく語っていた「マニフェスト」には、消費税の増税については何も書かれていなかったにもかかわらず。2012年12月の総選挙で、民主党は大敗し、政権を失った。

2012年には、復興増税による復興予算が、反捕鯨団体の対策費用、沖縄の国道整備、東京の税務署改修などに「流用」されていたことが、明らかになった。「復興」という美名のもとで、でたらめな財政支出が行われ、肝心の被災地に届かない。野田首相の野党時代の言葉を借りれば、これこそ予算にたかる「シロアリ」そのものだろう。第2次安倍晋三内閣では、2014年に復興法人税を前倒し廃止し、

「国土強靱化」の名のもとで国民負担の公共事業が復古した。このような財政支出や税制のあり方は望ましいものではない。では、憲法は財政についてどのように定めているだろうか。

## ◆ 憲法第7章「財政」に書かれていること

日本国憲法第7章のタイトルは「財政」である。それは歳入と歳出の全過程に及ぶ。憲法が財政について規定するのは、国の財政処理権限に対して、国民の代表機関である国会によるチェック機能をさまざまに強めていくためである。これを「財政国会中心主義」という。この考え方は、まず、憲法83条（「国の財政を処理する権限は、国会の議決に基いて、これを行使しなければならない」）に、総則的に定められている。そして、この83条を軸に、6つの方向で財政へのチェックの徹底がはかられている。

第1に、租税法律主義である（憲法84条）。租税の賦課・徴収、その変更は、法律または法律の定める条件による。これは「財政国会中心主義」の歳入面での具体化といえる。憲法30条は、税金を払うことを国民の「義務」とする一方で、「法律の定めるところにより」という形で、「納税」義務を租税法律主義のもとに置いている。他方、84条は、その税金を「どのように」「どの程度」とるのかなどに関して、国民の代表者が決めるというしくみを定めている。「代表なければ課税なし」の原則の具体化である。その内容は、課税要件を法定するということで、納税義務者は誰か、課税物件は何か、税率はどのくらいか、などの課税要件のみならず、税金の納付や更生処分などの租税手続についても、法律で明確に定められていなければならない。なお、租税「法律」主義ではあるが、条例による課税（地方税法3条）や、条約による関税の賦課（関税法3条）も認められる。憲法84条は「法律」だけでなく、「法律の定める条件」によるとしているため、条例などによる課税も可能となるわけである。

第2に、国費支出・債務負担行為の国会議決である。85条は、国会の議決がなければ、国費の支出や国が債務負担することを認めていない。これは、「国会

---

1297年（旧1215年）マグナ・カルタ

第1条 〔…〕朕は、朕および朕の相続人のために、以下に列挙された自由が、朕の王国のすべての自由市民およびその相続人が〔…〕保有保持し続けるものとして認め、与える。

旧第12条 いっさいの楯金または援助金は、朕の王国の一般評議会によるのでなければ、朕の王国においてはこれを課しない。〔…〕

旧第14条 〔…〕援助金の賦課、または楯金に関し、王国の一般評議会を開催するためには、朕は、大僧正、僧正、僧院長、伯、および権勢あるバロン達には、朕の書状に捺印して〔各別々に〕召集されるよう手配する。またこれと並んで、朕より直接に封を受けているすべての者が、州長および代官によって総括的に召集されるよう手配する。〔…〕

第29条（旧第39、40条） いかなる自由人も、同輩の合法的裁判、または国の法によらない限り、逮捕または監禁されたり、自由保有権、自由、自由な慣習を奪われたり、または法の保護を奪われたり、追放されたり、またはその他の方法で害されたりすることもなければ、我らが当人のもとに出向いていったり、糾弾したりすることはない。我ら〔朕〕は誰にも司法または正義を売らず、何人に対してもこれを拒否または遅延しない。

参照：高木八尺・末延三次・宮沢俊義編『人権宣言集』〔岩波文庫、1957〕〔田中英夫訳〕、初宿正典・辻村みよ子編『新解説 世界憲法集 [第3版]』〔三省堂、2014〕〔江島晶子抄訳〕

マグナ・カルタ800周年記念のメダル。背景はマグナ・カルタの本文の写し。

財政中心主義」の歳出面での具体的表現形態といえよう。

第3に、予算の制度である。86条は、内閣に対して、「毎会計年度の予算を作成し、国会に提出して、その審議を受け議決を経なければならない」として、予算案の国会提出、国会の審議、国会の議決という形で、形式と内容の両面において、国民代表機関のチェックを受けることを要求している。予算は単なる見積表ではなく、政府の行為を拘束する「法規範」の性格をもつ。とりわけ歳出予算は、国の支出を、その目的や最高金額、支出の時期などについて拘束する。なお、「予見し難い予算の不足」に対応すべく、内閣は、国会の議決を経て予備費の支出をすることが認められている（87条）。

第4に、財政に関する例外を認めず、皇室財産・皇室費用の面についても国会議決を要求したことである（8条、88条）。これに対して、戦前の大日本帝国憲法は、皇室経費については、「将来増額ヲ要スル場合ヲ除ク外帝国議会ノ協賛ヲ要セス」としていた（66条）。増額の場合だけ議会が関与できるわけで、最初に決めた定額の範囲内ならばフリーパスだった。日本国憲法は、皇室財産の授受や皇室費用について国会の議決を要求することで、「財政国会中心主義」を徹底している。

第5に、公金・公財産の支出・利用制限である。公金・公財産は、宗教組織・団体や「公の支配に属しない慈善、教育若しくは博愛の事業」に対して、支出・利用・便宜供与などをしてはならない（89条）。これは後述する。

第6は、予算執行の監督である。憲法は、「財政国会中心主義」の帰着点として、決算（1会計年度の国の収入・支出の実績）を、会計検査院という独立した検査機関のチェックと、国会の審査のもとにおいている（90条）。予算が法規範の形式をもつということで、国会のチェックを「事前」に受けるのに対して、決算は、国会の「事後」のチェックを受けることになる。なお、内閣は、国会と国民に対して、毎年の財政状況報告義務を憲法上課せられている（91条）。

かくて、お金の「入口」から「出口」まで、「財政国会中心主義」原則に基づき、国民が選ぶ代表者によるチェックを働かせることで、財政民主主義が具現化するわけである。

### ◆ 公金支出の制限

ところで、上記の5番目の公金・公財産の支出・利用制限に関連して、近年の改憲論のなかには、私立大学や私立学校に対して、私立学校法59条に基づく公費助成を行うことが、憲法89条の「公金支出制限」に抵触するから、憲法89条を改正すべしという議論がある。私立学校への補助をやめるのでなく、憲法を改正して、「すっきり」補助ができるようにすべきだ、という趣旨のようだ。しかし、奇妙なことに、私大教連（日本私立大学教職員組合連合）などが公費助成増額を求める署名などをやっても、これまでにこれに協力的ではなかった人々が、そのような主張を展開していることである。公費助成促進の憲法改正をというよりも、もっぱら憲法改正の理由づけをひねりだすことに関心があるとしか思えない。

では、この憲法89条の問題をどう考えたらよいだろうか。ここでいう「公の支配」を厳格に理解すれば、人事・予算・事業執行などで国や地方自治体の強い監督・指導を受けるものだけが「公の支配に属する事業」となる。私立大学・私立学校は、設置主体が学校法人であるから、「公の支配に属する事業」ではないということになる。ここから違憲説が導かれる。

他方、「公の支配」を緩やかに解釈して、合憲とする立場もさまざまある。まず、学校教育は「公の性質」をもち、設置主体が公的機関でなくとも、そこで実現される学校事業は「公の支配」に属する事業であって、合憲であるという解釈がある。また、「公の支配」に属する事業とは、「国家の支配の下に特に法的その他の

➡ **払税者の権利（訴訟）**
国民を単に課税の対象としてみるのではなく、納税義務に対して

規律を受ける事業」をさし、教育基本法、学校教育法により法的な支配を受ける私立学校は「公の支配」に属するから合憲とする立場もある。さらに、89条の趣旨が、「公費濫用防止」規定と理解し、「公の支配」を「国が財政的援助をなす限度でその不当な利用のないように監督すること」を意味するとして、私立学校振興助成法12条に定めるような監督（帳簿・物件の検査、学則定員を著しく超えた入学者への是正命令など）を受けることで、「公の支配」に属する事業であるとして、合憲とする立場もある。

2004年から国立大学も一種の「独立行政法人」になった。その意味では「官」の相対化が進むなかで、こうした流れは、89条の「公の支配」の解釈にも投影せざるを得ないだろう。なお、「公の支配」が「不当な支配」（教育基本法16条〔旧10条〕）となり得ることは、別の問題である（憲法26条→㉓）。また、宗教組織への公金支出禁止については、政教分離原則で扱われる（憲法20条→⓱）。

◆「払税」者の権利

3月の確定申告の時期を迎えると、国民は納税者としての自分を自覚する。そして、少しでも税金を安くしようと四苦八苦する。でも、脱税をすれば厳しいペナルティが待っている。国家権力とは警察や検察だけでなく、実は税務機関もまた強力な権限をもっているのである。だからこそ、税金の使い方に対して、国民が強い関心をもつのは当然だろう。税金の無駄遣いが指摘されるたびに怒りをよぶものの、この国の納税者はきわめて従順である。そこには、憲法30条に「納税」とあるように、税金を「納める」という発想がある。国民主権のもとで国民は税金（tax）を「払う」（pay）。だから、「タクスペイヤーの権利」（**払税者の権利**）ということも主張されるようになった。税金の作り方と使い方について、国民はもっと自覚と関心をもつことが大切だろう。

権利主体として位置づけるのが「払税者の権利」ないし「納税者基本権」論である。これは、徴税の場面だけでなく、納税した税金の使い道にまでその射程が及ぶ。つまり、税金の収入と支出を統一的に把握するものである（北野弘久『納税者の権利』〔岩波新書、1981〕）。財政立憲主義における権利保障の面ともいえよう。

ただ、この権利を具体的に司法救済するという場合、税金の使い道を問題にすることには困難を伴う。湾岸戦争やイラク戦争への「良心的軍費拒否訴訟」の場合でも、現在の制度のなかで、払い込む税金の中身を可分なものにして、ある部分のみ拒否するということが可能かどうか。また、具体的な事件として認めていく場合、防衛費の支払いが良心の自由（→⓰）の侵害という形で構成できるかどうか。課題は多い。

なお、アメリカのように、地方公共団体の違法な財務処理行為を裁判により統制する観点から、1948年改正地方自治法で納税者訴訟が制度化され、1963年改正同法242の2条で「住民訴訟」と規定されている（個人の権利・利益とかかわりなくとも可能な客観訴訟の1つ）。

国税電子申告・納税システム（e-Tax）

国税庁は、インターネットで申告するサイトを充実させている。「確定申告／WEB啓発ポスター資料館」で検索すると、女優やタレントを使って申告を呼びかける歴代ポスターが多数収録されている。特に仲間由紀恵さんがグッと手を前に出している2005年ポスターは、けっこう凄味がある。「税金払いなさいね」と見つめる目は決して笑っていない。

「事業仕分け」の資料

民主党政権が設置した行政刷新会議による「事業仕分け」では予算項目ごとに、公開の場で、「外部」の視点で、事業の必要性が問われていった。2009年11月24日午後分の資料表紙である。傍聴者に配付された。見開き1頁に1事業の目的からコスト、活動実績、成果まで簡潔に書かれている。簡潔すぎて、費用対効果だけではじかれてしまう危うさももっている。

## 37 地方自治の可能性
### 沖縄が問い続ける現実

◆ **名護市民投票の意味**

　1997年12月21日。沖縄県名護市の住民投票（1996年9月の「沖縄県民投票」に照応して「市民投票」といわれる）が行われた。基地建設の是非を直接問うもので、沖縄県民投票の一般的問い方と比べて、国の安全保障政策との矛盾が一層はっきりあらわれた。あの投票日の前々日（12月19日）、筆者は『沖縄タイムス』の依頼で、名護市民（特に条件付き賛成派）に向けたメッセージを寄せた。少し長いが、1つの歴史的ドキュメントとしてここに引用しておく。

　　地方自治への清き一票——歴史的投票で生き方問う
　　名護市を東西に貫く国道329号線。東シナ海に面した市街地とは異なる太平洋側の辺野古の風景。キャンプ・シュワブの有刺鉄線が、美しい海岸線を無粋に切り裂く。その向こうに、海上ヘリ基地の予定地が広がる。予想以上の大きさに驚く。巨大宇宙船がニューヨークの空を真っ黒に覆う、米B級映画「インデペンデンス・デイ」をふと思い出した。
　　いま、名護市民は、その海上ヘリ基地をめぐる「決断」を目前にしている。「名護市における米軍のヘリポート基地建設の是非を問う市民投票」。このタイトルそのものが、この国の地方自治の歴史の上で画期的な意味を持つ。国の「専管事務」とされてきた安全保障に関わる事項を、一地方自治体が、しかも住民投票という方法で問う。昨年の沖縄県民投票も、特定の基地の存廃を問題にしたものではなかった。今回は、特定の基地建設の「是非」が直接に問われる。東京の中央政府が、一地方の住民投票にこれほどまでに強い関心を示し、かつ行動に出るということも、かつてなかったことである。この住民投票の憲法的意味について考えてみよう。
　　憲法は代表民主制を基本としつつ、これを補完するものとして直接民主制の仕組みを採用している。地方の場合は、**条例**制定改廃や長・議員の解職など、住民の直接請求制度が地方自治法により設けられている。ただ、地方自治特別法の住民投票（憲法95条）の場合は別として、法律は、住民が特定の政策上の争点について直接意思を表明する住民投票制度を定めてはいない。そこで住民投票付託条例を制定して、この仕組みを採用する自治体が増えてきた。名護市も同様である。
　　地方自治は、自治団体が必要かつ十分な権限をもち、それを自主的に行使するという「団体自治」と、住民が自らの意思に基き、その運用に参加するという「住民自治」を軸とする。それはまた、住民と時代のニーズに対応した様々な制度的工夫や可能性に対しても開かれている（憲法92条「地方自治の本旨」）。住民投票も、その一つといえる。
　　地方議会が存在する以上、その権限を侵すような住民投票は許されないが、自治体をめぐる重大な争点について、住民の意思を「見えるようにする」ことは意味がある。それは、議会や長が住民の意思を「参考にする」という代表民主制の補完機能だけでない。住民自身が投票行動を通じて自治意識を高めるという学習機能もある。さらに、議会や長が住民の意思から乖離した施策を推進しようとした場合、それをチェックする「切り札」的機能もある。より根本的には、住民が「自分の運命を自分で決める」という地方自治の思想の根幹に関わってくる。だからこそ、目先の利害や一時の感情によらず、理性的な判断を行うために、情報の公開が決定的に重要となるのである。
　　今回の住民投票は、「子々孫々の生活と豊かさそのものを決める政策を選ぶ」といわれる。そのわりには、基地建設に伴う影響などの重要な情報が十分に提示されている

➡ **条　例**
　地方公共団体が、その事務を行うために、その自治権に基づいて地方議会で制定される自主（立）法。広くは地方公共団体の長や委員会が制定する規則も含む。
　問題①：（国会が制定する）法律の留保とされる事項（憲法29条2項の財産権、84・94条の租税、31・73条6号の罰則）も、条例による規制は可能か？　住民の民意に基づく地方議会で条例は制定されることを重視して、可能と解される。
　問題②：「法律の範囲内」（94条）よりも「上乗せ／横出し」の条例の制定は可能か？　地方の実情に応じて法律の基準／対象よりも厳しく／広く規制することを、法律が否定していなければ、可能と解される。参照、地方自治法14条、大気汚染防止法4、32条など。

ようには見えない。「万行の好機」という形で、住民の関心は各種の「振興策」の方に向けられてはいまいか。問われているのは、「子々孫々」にまで及ぶ「豊かさ」の中身である。住民がどういう「生き方」を選択するのかが問われているのである。ジャンケンで「グーとパー」しか出せなくなったこの国の政治・経済の行き詰まりに対して、「チョキ」という選択肢を示すことができるか。一過性の「海上ヘリ基地バブル」に終わることのないように、長期的視野にたった理性的判断が求められるゆえんである。

名護市民の「一票」が、名護の将来だけでなく、日本の地方自治のありようにも爽やかな刺激を与える「清き一票」となることを期待したい。

（『沖縄タイムス』1997年12月19日付）

## ◆「国家的利害誘導」の失敗

名護の住民投票の結果は、投票率82％で、基地建設に「賛成」8％、「環境対策・経済効果が期待できるので賛成」38％、「反対」53％、「環境対策・経済効果が期待できないので反対」1％という結果だった。「反対」が有効投票の過半数を超えた（『琉球新報』1997年12月22日付）。

当初、市民投票条例案は「賛成」と「反対」の2択だったが、事前の調査で「反対」が多数を占めることが確実と出るや、市議会は条例案を修正可決。この奇妙な4択が生まれたのである。全国で最も所得が低い沖縄県でもさらに貧しい北部。補助金や経済振興策を雨あられと提示すれば、「反対」から「条件付き賛成」への票の流れが起きる。市民の足元をみるような、「さもしい」手法は、名護市議会議員だけの知恵ではあるまい（地元では、当時の首相補佐官の関与がいわれていた）。この不景気の世に、信じられないほどの気前のよさで予算や補助金がつく。しかも、閣僚や与党幹部がわざわざ現地にやってきて、住民に直接約束する。振興策の宣伝の細かさは市議選なみだった。たとえば、小・中学校の校門前には、「〔基地を受け入れ〕各学校の吹奏楽部に楽器を」といった看板が立てられた。防衛施設庁職員による組織的な戸別訪問も行われた。市民投票に公職選挙法の適用はないとはいえ、あまりにも露骨な「介入」であった。

地元でも、基地建設を「万行の好機」と捉え、「宝山に入りて手を空して帰る

普天間飛行場

米海兵隊の各種ヘリコプター部隊が駐屯する。1996年に全面返還で日米が合意した。その移設先として名護市辺野古沖が決まったが、沖縄の反対が強く、2009年、政権交代により県外国外の方向が模索された。しかし、鳩山政権は8ヶ月迷走した末、2010年、辺野古沖案に戻してしまった。2012年12月以降、安倍政権は沖縄の声を聞かず辺野古移設を強行しようとする（後述）。

環日本海諸国図

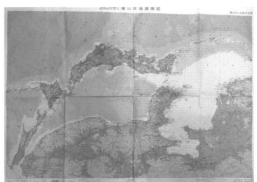

富山県がつくった。北東アジアにおける「内海」のような存在にみえる。日本列島の日本海側はかつて「裏日本」と言われたが、中国や朝鮮との関係では「表日本」だった。1853年のペリー来航でアメリカを向くようになる。

勿れ」と、国から予算や補助金をできるだけとろうとする動きが出てきた。筆者は、賛成派の内部文書『拡大運動員用パンフレット』を入手したが、そこには、「リゾートの雰囲気が漂う素敵なやんばる〔本島北部地域の総称〕」といった、バブル時代を思わせるようなスローガンが並ぶ。こうした「国家的利害誘導」ともいうべき状況のなか、名護市民の多くが「反対」の意思を表明したのである。

なお、名護市長は投票結果に反して、基地受け入れに同意した（即日辞職）。一方、沖縄県知事は、投票結果を踏まえて、基地の受け入れを拒否した。沖縄は「基地のたらい回し」に明確なノーを表明した。

一方、海兵隊撤退論はアメリカ国内にもある。新しい条件のもとで、基地返還に向けた対米再交渉を粘り強く展開する必要があった。だが、日本政府にはそうした姿勢がまったく見られなかった。沖縄県側は山内徳信読谷村長（当時）を三役入りさせて（出納長）、対米直接交渉をも射程に入れながら、活発な「自治体外交」を展開した。

名護市民の「清き一票」は、日米二大国によるアジア太平洋地域の「力による仕切り」の傲慢な手法に「待った」をかけた。まさに「小さな地方の大きな選択」ともいうべきものだった。そこで次に、住民投票制度を含めた、地方自治の新しい可能性と、その憲法的意味についてみておこう。

### ◆「地方自治の本旨」の射程

各国にはそれぞれの地方自治の仕組みがある。それぞれの国の歴史的事情や背景、その国の「かたち」がよく見えてくる。**連邦制**をとる国では、連邦と州との権限関係などが実に細かい。本文が395条まであるインド憲法は、州に関わる条文だけで3桁ある。その点、日本国憲法の地方自治の条文は4カ条だけで、意外とあっさりしている。

だが、憲法のこの4カ条は、いずれもきわめて重要である。とりわけ、「地方公共団体の組織及び運営に関する事項は、地方自治の本旨に基いて、法律でこれを定める」とする92条は、地方自治の憲法的保障の総則的規定として重要な意味をもつ。もっとも、この条項は、主語 – 述語を簡単につなげれば、「地方自治の具体的あり方は、すべて立法府が決められるのだ」とも読める。いわゆる承認説ないし伝来説のように、地方自治をすべて国家の統治権に由来するものと単純化して捉えれば、なおさらそうなる。だが、92条には、「地方自治の本旨」（the principle of local autonomy）というものが、法律を制定する際の前提あるいは目的として存在していることを看過してはならない。これは立法府をも拘束する憲法原則といえる。

なお、「地方自治の本旨」が何を意味するのかについては、憲法から一義的には出てこない。通説は、「地方自治の本旨」＝住民自治＋団体自治、と解する。「住民自治」とは、地域団体の組織・運営を、地域住民がその意思に基づき、自らの手で（選挙を通じて、または直接民主制的に）行うことをいい、他方、「団体自治」とは、当該地域団体が国家とは別個の法人格をもち、国家から相対的に独立して、自らの地域の事務を自らの責任において処理することを指す。前者は憲法93条により、後者は94条で保障されている。両者は地方自治の「本質内容」をなす。いわゆる制度的保障説は、この「本質内容」を法律によって廃止・制限することは許されないと説くもので、これがこの説のほとんど唯一の目玉といえる。

ただ、制度的保障説に立っても、「本質内容」の範囲を狭くとれば、地方自治の確保という点では必ずしも安定的ではない。制度的保障説は憲法の地方自治のありようを静態的に描写したにすぎず、それは地方自治の発展方向に何らの示唆も与えるものではないのである。

---

**⇒ 連邦制・道州制**

中央の国家（連邦）と地方の国家（州）の間の権限分割が保障され、その権限の範囲内で各国家が最終決定できる基本構造を連邦制という。複数の国家〔州〕(state, Staat) が国家としての性格を保ちながら1つの国家をつくっているのが連邦国家である（アメリカ、ドイツ、スイスなど。州の司法の独立も）。連邦制では、自由主義・分権主義の機能が注目される。

これに対し、現在の日本は単一国家である（単一民族国家ではない）。かねてより現在の都府県の区画では狭すぎるという広域行政論の立場から、7～10ブロックに分ける道州制というさまざまな構想がある。しかし、憲法改正（→㊴）を必要としない構想もあり、議論は熟していない。

「地方自治の本旨」は不確定概念だから多義的だと逃げるのではなく、地方自治そのものを、民主主義の観点からより積極的に再構成したり（杉原泰雄『憲法Ⅰ』〔有斐閣、1989〕、同『地方自治の憲法論［補訂版］』〔勁草書房、2008〕）、あるいは、「民主主義的参加権」や「住民の自律権」といった人権論レベルの工夫をしたりして（人見剛「都市住民の参加と自律」同『分権改革と自治体法理』〔敬文堂、2005〕）、それをより豊かな内容のものにしていくことが求められている。端的にいうならば、「地方自治の本旨」＞「住民自治＋団体自治」という関係である。こうした理解に対しては、「地方自治の本旨」にさまざまな実体的自治権能を「吹き込もうとするもの」という批判もある（阪本昌成『憲法理論Ⅰ［補訂第3版］』〔成文堂、2000〕）。だが、92条の「地方自治の本旨〔原理〕」は、地方自治の廃止・縮減に対する遮断・阻止作用をもつと同時に、地域レベルにおける直接民主制的契機の導入に対しては、むしろ開放的・親和的に働くと解すべきだろう。

### ◆ 地方自主立法＝条例

「地方自治の本旨」の発展という観点からは、条例の新しい可能性にも注目する必要がある。憲法94条は条例制定について、「法律の範囲内で」という文言を置いている。だが、これは条例が法律の下位にあるというような単純な優劣関係をあらわすものではない。かつては「法律先占説」という、おおらかな法律優先の発想が支配的だったが、最高裁大法廷も徳島市公安条例判決（1975年9月10日）で「法令趣旨解釈論」を打ち出し、これを修正した。法律と条例の趣旨や目的、内容、効果などを比較して、両者の間に矛盾抵触がないかどうかで決めるというものである。「地方分権」のなかで、かつて国の下請け的な機能を果たした機関委任事務もなくなった。法定受託事務の場合は、地方議会の条例制定権の対象となることから、自治体の自主法令解釈権も意味をもつようになった。また、地方自治基本条例のような「自治体憲法」とされるものも制定されるようになった。「地方自治の本旨」は団体自治の面でもさまざまに発展している。

住民投票の実施例

| | | |
|---|---|---|
| 1996年8月 | 新潟県巻町 | 原発建設 |
| 1996年9月 | 沖縄県 | 基地の整理縮小・地位協定見直し |
| 1997年6月 | 岐阜県御嵩町 | 産業廃棄物処理施設 |
| 1997年12月 | 沖縄県名護市 | 米軍基地建設 |
| 1999年7月 | 長崎県小長井町 | 採石場新設 |
| 2001年1月 | 徳島県徳島市 | 吉野川可動堰 |
| 2001年2月 | 三重県海山町 | 原発誘致 |
| 2001年5月 | 新潟県刈羽村 | 原発のプルサーマル計画導入 |
| 2001年7月 | 埼玉県上尾市 | 市町村合併 |
| 2002年3月 | 滋賀県米原町 | 市町村合併 |
| 2002年9月 | 秋田県岩城町 | 市町村合併 |
| 2003年5月 | 長野県平谷村 | 市町村合併 |
| 2004年8月 | 宮城県三本木町 | 市町村合併 |
| 2006年3月 | 山口県岩国市 | 米軍艦載機受入れ |
| 2012年5月 | 鳥取県鳥取市 | 市庁舎の耐震改修または新築 |
| 2013年5月 | 東京都小平市 | 道路計画の見直し |
| 2013年12月 | 埼玉県北本市 | 新駅建設 |
| 2015年2月 | 埼玉県所沢市 | 基地近くの学校へのエアコン設置 |
| 2015年5月 | 大阪府大阪市 | 市廃止・特別区設置の大阪都構想 |
| 2019年2月 | 沖縄県 | 辺野古県民投票 |
| 2020年11月 | 大阪府大阪市 | 市廃止・特別区設置の大阪都構想 |

キャンプシュワブ近くの落書き

米海兵隊基地のすぐ近くにある看板。市はこの言葉を消すこともなしにそのままにしている（2008年8月撮影）。

### ◆ 住民投票の新しい可能性

「地方自治の本旨」の発展という点でいえば、住民が直接に意思表明を行う直接民主制的な形態が注目されつつある。

この点では、まず、憲法 95 条の再活性化が模索されるべきだろう。95 条は、「一の地方公共団体のみに適用される特別法」について、当該住民の投票による過半数の同意を、法律成立の不可欠の要件としている。ただ、この住民投票が実際に行われたのは、広島平和記念都市建設法（1949 年）など、戦後初期の 16 件（のべ 19 自治体）だけ。いずれも、戦後復興ないし観光地開発的色彩が強く、1952 年の伊東国際観光温泉文化都市建設法の改正法における伊東市（静岡県）の住民投票を最後に、実施されていない。この条項は半世紀近く錆びついていたわけだ。駐留軍用地特別措置法改正の際、これが沖縄の米軍基地だけを想定している以上、95 条に基づく住民投票を沖縄で行うべきだとの声も出てきた。だが、沖縄代理署名訴訟で最高裁大法廷は、特措法が沖縄県にのみ適用される特別法ではないとして、実質的に住民投票の可能性を否定した（1996 年 8 月 28 日判決、『憲法判例百選Ⅱ［第 7 版］』〔2019〕〔水島執筆〕参照）。この仕組みは、アメリカの 19 世紀後期の州憲法に見られた特別法拒否の仕組みがモデルになっている。連邦制の国々に比べれば、日本は地方自治体の地位も権能も弱い。その意味では、95 条の存在を無意味にするような、必要以上の限定は避けるべきだろう。

次に、活発化してきた住民投票（付託）条例に基づく住民投票についてである。住民投票条例制定の動きをもたらした問題には、原発、産廃施設、基地、空港、ゴルフ場などがある。住民投票条例に基づいて実際に住民投票が行われたのは、新潟県巻町をはじめ、前述の沖縄県名護市で 5 件目である。2006 年には山口県岩国市の基地反対票 9 割の住民投票があった（前頁の図表）。

今日、代表民主制をとる国々でも、直接民主制の契機がかつてなく重視されるようになってきた。ヴァイマル共和制（→❿）崩壊の経緯から、直接民主制に対して否定的態度をとってきたドイツでも統一後、変化が生まれている。

ところで、「住民投票は代表民主制を脅かす」といった批判がしばしば聞かれる。だが、直接民主制的な投票方式は、それが実施されなくても、「先触れ効果」が注目されている。日本でいえば、原発設置を問う住民投票条例が制定されただけで、原発建設計画が凍結・白紙になったケースが想起される（高知県窪川町と宮崎県串間市）。加えて、「国民と議会の協働の基礎を形成する」という積極面もある。その意味で、住民投票には、代表民主制を「補完」するだけでなく、それを強化・発展させる側面もある。住民投票方式と代表民主制を単純に対立させることなく、その「共生・共存」の形態を模索すべきである。

国政の場合は憲法上、代表民主制が不可欠であり、直接民主制的契機の採用には一定の慎重さが求められる（→❺）。だが、地方自治の場合は、代表民主制が絶対的に要求されているわけではない（地方自治法 94 条の「町村総会」など）。したがって、地方自治の発展形態に対する「地方自治の本旨」の開かれた性格を踏まえ、より創造的な仕組みが模索される必要がある。たとえば、一般的な住民投票（1984 年の神奈川県逗子市の住民投票条例案〔否決〕）や、純粋な諮問型ではなく、一定の拘束的効果を発生させる住民投票（ただし、地方議会の権限を侵害しない範囲内での）なども含まれる。今後、住民自治を直接民主制の形態で具体化することについても積極に評価すべきであろう（樋口陽一『憲法 I』〔青林書院、1998〕）。

### ◆ 平和における地方の時代──辺野古基地移設問題

安全保障はもはや国の専権事項ではない。国家安全保障が自明の理のように語

られた時代は終わりつつある。地方自治体やNGO（→⓬）の活動の幅と質は一層広がっていくだろう。自治体の越境的活動もますます活発化している。いずれ「外交」の再定義も必要になってこよう。憲法上、外交処理権（73条2号）や条約締結権（同3号）は内閣にあるとしても、将来的に「東アジア共同体」のようなものが形成されていったとき、そこにおける地域間の問題を調整・解決していく担い手として、自治体が注目されてこよう。

ロシア極東地域、中国東北三省、北朝鮮、韓国、日本の日本海側地方によって構成される「環日本海圏」構想が、日本海側自治体を中心に提起されている。沖縄もまた、その絶妙な地理的位置を活かしながら、東アジアと環太平洋などを結ぶ「国際都市形成構想」を提起している。そうしたなかで、自治体の対外交渉権（外交権）の役割と期待は増していく（大津浩「自治体外交の捉え直し——外交の国家独占は正当だろうか?」『憲法がわかる。』AERA Mook〔2000〕）。

2012年12月に第2次安倍政権が発足すると、沖縄をめぐる状況は大きく変わった。安倍政権は、辺野古の新基地建設を「唯一の解決策」として、新基地建設を強行している。これに対し沖縄では、2012年以降の国政・地方のすべての選挙で新基地賛成派が敗北している。とりわけ2014年11月の沖縄県知事選挙では翁長雄志氏が圧勝した。翌年10月、翁長知事は、仲井真前知事がした辺野古埋め立て承認を取消す決定をして、安倍政権との対立は決定的なものとなった。沖縄防衛局は、行政不服審査法に基づき、知事の決定の取消しを国土交通相に求める審査請求等をした。請求理由は、新基地建設が実現できなければ「日米同盟に悪影響を及ぼす可能性があ〔る〕」というもので、政府間合意は絶対という姿勢が見受けられる。知事は、新基地建設の必要性を支える「抑止力」や「地理的優位性」の主張は根拠に乏しいと批判するが、安倍政権は聞く耳をもたない。

新基地をめぐって、国が県を訴えた代執行訴訟、県が国を訴えた抗告訴訟に続き、県の審査申し出を国地方係争処理委員会が却下したことを不服として県が国を訴えた訴訟の3つが進んだ異例の事態となった（2016年3月から中断）。

安全保障は国が一方的に決められるのか。地方のかかわり方が鋭く問われる。

地方は末端では無く「先端」なり

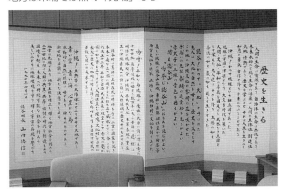

読谷村長室屏風「歴史を生きる」。
「人間の生命は有限である。自治体の生命は無限である〔…〕地方は先端であり、地方主権を確立し、輝く地方社会を創ろう。〔…〕人類の共生・共存・協調の時代を創造しよう。国境を越え、未来への持続可能な社会を創ろう。美しいみどりの地球環境を守り、輝く宇宙の存続を誓おう」（山内徳信村長の1997年直筆）。

読谷村役場のシーサー「自治の郷」

米軍読谷補助飛行場内に庁舎を建てた読谷村役場の2つの塔のうちの1つ。シーサーが鎮座し、「平和の郷」と「自治の郷」とある。
→❸、詳しくは、山内徳信・水島朝穂『沖縄・読谷村の挑戦』〔岩波ブックレット、1997〕。

## 38 憲法保障を考える意味
### 「憲法の番人」は誰？

### ◆「憲法」を「擁護」する「官庁」？

大学院生時代に旧西ドイツに短期滞在した時、「連邦憲法擁護庁」を訪れた。この機関について論文で書いたので、実際に見ておきたかったのである。だが、若気の至りだった。アポのない突然の訪問者は、大いに怪しまれた。パスポートを取り上げられ、いろいろ質問された。建物の写真を撮る許可を求めると、「人の顔は絶対に撮るな」と強くいわれ、ホテルまで尾行された。

実は、「憲法擁護庁」という機関は、日本の**公安調査庁**に近い組織で、国内の極右（ネオナチ）や左翼団体を監視するのが仕事である。本部には、そうした団体に送り込まれる"V-Leute"という工作員も出入りしており、顔写真は絶対不可であった。この機関の名称を日本的に縮めれば、「護憲」庁になるが、意味が異なる。実際の活動は、「基本法（憲法）を守れ」と主張する法律家団体を監視したり、情報収集したりする「公安」である（→❸）。旧東ドイツ国家保安省は「シュタージ」と呼ばれて憎悪されたが、「憲法擁護庁」も本質的には、旧西ドイツにおける「シュタージ」であった。東西統一、冷戦終結後は、イスラム原理主義を監視する一方で、左派党とその関係組織も監視している。

### ◆ 憲法保障の意味

「憲法保障」の本来の意味は、憲法が自らの存続・安定を図り、違憲の権力行使により憲法秩序が崩壊することのないように安全装置を設けておくことである。ヴァイマル憲法（→❿）の下では、憲法保障は「憲法の番人」の問題として語られた。C・シュミットという憲法学者は、大統領が「憲法の番人」であると主張した。大統領は、非常事態権限や議会解散権など、非常に強力な権限をもっていた。1933年1月、P・フォン・ヒンデンブルク大統領は、「憲法の番人」どころか、首相にA・ヒトラーを任命して「第三帝国」への道を準備することで、「憲法の墓掘り人」となった。

戦後の旧西ドイツ基本法は、ナチスが民衆の歓呼の嵐のもと「民主的」に選ばれたことへの反省から、徹底した国民不信の制度設計になっている。つまり、国民に対して憲法を確保するというわけである。このタイプの憲法保障のベクトルは、下からの国民の動きや運動を想定したものとなる。そこで基本法は、基本権の喪失（18条）、結社（団体）禁止（9条2項）、政党禁止（21条2項）という形で、憲法秩序の根幹（「自由な民主的基本秩序」）を確保するため、「下からの憲法危機」に対処する憲法保障（Verfassungsschutz）のシステムを用意している。そのために憲法擁護（Verfassungsschutz）庁も活動している（憲法忠誠→❸）。

### ◆ さまざまな憲法保障──違憲審査制から抵抗権まで

憲法保障には、(1)憲法内在的・制度化された保障と、(2)憲法外在的・制度化されていない保障とがある。

(1)には、違憲審査制（81条→㉟）、憲法改正手続を重くする硬性憲法の工夫（96

---

→ **最高法規**
①（97条が強調する基本的人権のように）最も重要な規範の内容がある「実質的な最高性」と、②（98条のいうように、法律〔laws, Gesetz〕等や国家行為の効力を認否する）最も強い判定基準となる「形式的な最高性」をもつ法（law, Recht）。実効的に機能するためには違憲審査制が必要（→㉟）。99条（→❸）もあわせ、この3カ条からなる憲法10章の題。憲法保障は、この最高法規性を守るためともいえる。

→ **公安調査庁**
1952年「破壊活動防止法」の施行に伴い設置され、同法の「破壊的団体」規制（解散含む）と、1999年「無差別大量殺人行為を行った団体の規制に関する法律」（いわゆる「オウム新法」）の団体規制に関する調査・処分の請求事務を一体的に遂行する情報機関。法務省の外局。「公共の安全」確保を任務とする（→❽⓫も関連）。調査対象は、左翼・右翼・カルト宗教団体等といわれる。上記の請求後、公安審査委員会が処分を決定する。公安委員会とも公安警察とも異なる。公安調査庁に捜査権はないが、上記2つの法律や調査は、言論・集会・結社・信教・人身の自由やプライバシー権などの人権（⓯～）を侵害する疑いがあり、その活動への疑問や批判も多くなされている。

条→㊴)、憲法尊重擁護義務（99条→❸）などが含まれる。違憲審査制では、「憲法の番人」は裁判所となる。

　国家権力の濫用など「上からの憲法危機」に対処する憲法保障が、本来の憲法保障といえる。ドイツの場合、その具体化の1つが、基本法79条3項である。「基本原理」を憲法改正の対象から外すことで、憲法の核心部分を守ろうとしたものである（→㊴）。憲法保障のターゲットは、憲法改正をする立法者である。

　(2)の1つの国家緊急権とは、戦争や内乱、自然災害などの不測の事態に対処するため、憲法の効力の全部または一部を一時的に停止する例外的権限をいう。各国憲法には、緊急権に関する明文規定を置くものが少なくない。だが、日本国憲法は緊急権について何も規定していない。緊急権に関する「沈黙」の意味は重い。9条の徹底した平和主義との関連で考えれば、憲法は、国家緊急権を憲法レベルで黙示的に否定したものといえよう（→❼）。

　(2)のもう1つの抵抗権は、権力の違憲的行使が極限まできたとき、最後の手段として、国民自身が権力に対して抵抗する権利である。植木枝盛の「東洋大日本国国憲按」(1881年)は、国家権力を拘束し、その暴走をチェックするために、抵抗権を実定化していた。「政府国憲ニ違背スルトキハ日本人民ハ之ニ従ハザルコトヲ得」(70条) と。この国憲按には、アメリカ独立宣言やフランス人権宣言など、近代立憲主義のエッセンス（→❶❿）が鮮度を保った状態で沈殿している（家永三郎編『植木枝盛選集』〔岩波文庫、1974〕)。政府の暴走に対するチェックの必要性が強く自覚されており、政府が違憲行為を継続反復した場合、人民には最後の「切り札」として、抵抗権が留保されていた。

　最終的な「憲法の番人」「番人のなかの番人」とは「立憲主義を理解する国民自身」である。G・イェリネクのいう国民による「社会的担保」がこれにあたる（芦部信喜ほか訳『一般国家学』〔学陽書房、1976〔原典1900〕)。そのためには、国民の「憲法への意思」が重要となる。さらに、憲法意識の向上のみならず、立憲主義的な思考を磨くことも必要だろう（→序❶、水島朝穂「『憲法の番人』をめぐる抑制と均衡の力学」岡田信弘・笹田栄司・長谷部恭男編『憲法の基底と憲法論』〔信山社、2015〕も）。

ドイツ連邦憲法擁護庁の外観

著者がパスポートを取り上げられ、尾行までされて撮影した憲法擁護庁の写真3枚のうちの1枚（1979年ケルンにて撮影）。この官庁のウェブサイトを開くとネオナチや極左集団の監視活動について詳しく書いてある。ネット時代は秘密情報活動にも説明責任が課せられるようで、秘密活動の自己PRが盛んに行われている。いま訪問すれば、内部の見学もできるようである。

『アール渓谷の政府防空壕とその歴史』

冷戦時代、アール河畔につくられたドイツ政府の核シェルター。緊急時、閣僚、国会議員、憲法裁判所裁判官がここに入って、臨時の憲法機関が活動することになっていた。897の事務室・会議室と936の寝室が備えられていた。「防衛事態」(戦時)の確定は、連邦議会と連邦参議院の48人により構成される「非常会議」がここで開かれ、その3分の2の賛成で行われる。非常事態を政府だけで決めさせない、究極の議会統制のかたちである。現在、観光施設として公開されている。

# 39 憲法改正をどう考える？
## 18歳からはじめる議論に期待する

### ▶ 憲法改正手続法（国民投票法）

正式名「日本国憲法の改正手続に関する法律」（以下、本法）。

そもそも国民投票とは、国民が国政上の問題を直接的に決定する制度である（選挙を除く。地方自治の住民投票につき→㊲）。主権者の意思を政治に反映させるための直接民主制の実現手続の1つ（レファレンダム。特定の権力者の政策などを正当化するための信任投票として機能するプレビシットへ陥る危険に注意を要する）。

本法は、（任意型でなく）憲法96条で投票が必要な強制型、（国民が発議する「下からの」型でなく）議会が発議する「上からの」型、（諮問型でなく）議会の案を最終的に国民が承認する決定型。

本法3条は、投票権者を18歳以上の国民とする（ただし、2014年改正の附則で、2018年6月まで20歳以上）。附則は、国政選挙の投票権者（公職選挙法）や成人（民法）などを18歳以上に改正するように求めた。

憲法審査会により、憲法改正の原案や発議がなされる。国民投票広報協議会は、各会派の議員数の比率で決まる（本法11条以下、国会法）。投票期日は、発議から60〜180日後とする（本法2条）。最低投票率制度なし。公務員・教育者の、地位を利用した投票運動は禁止（本法103条、附則11条、公務員法）、投票日2週間前から一般広告放送も禁止（本法105条）。

本法附帯決議12が「罰則について、構成要件の明確化を図るなどの観点から検討を加え、必要な法制上の措置も含めて検討すること」と自ら語るように、本法制定には不備があり拙速だった。投票には十分な情報提供・熟慮期間・自由討議が必要だろう。

### ◆ 結局、憲法って何だ？

憲法が国の最高法規（→㊳）であり、権力担当者を制限し統制するという任務を与えられていることはすでに述べた。憲法は、政治過程の「法的枠組」機能をもち、同時に、国の基本的なありようを示す「方向指示」機能をもつ。その国の根本秩序は憲法によって枠づけられ、方向づけられている。だが、現実の世界は日々変化する。「憲法規範」と「現実」との間に当然矛盾も生まれてくる（→序）。その場合、矛盾の解決の仕方として、憲法を変えることも選択肢になる。憲法96条は「憲法改正」について定めている。他方、憲法に反する現実を憲法に適合的に変えることも選択肢となり得る。たとえば、裁判所が憲法違反の判決を出すことで、憲法に反する現実が正される。男女の再婚禁止期間の不平等や、議員定数の不均衡も、「違憲」や「違憲状態」という裁判所の指摘があるからこそ、国会の側に是正への動機が生まれる。だから、憲法規範と現実が合わないからというだけでは、憲法改正の理由にはならない。現実を変える努力もせず、憲法を変えることに執着する「改憲論」には注意が必要である。

特に小泉・安倍内閣で改憲の動きが急速に高まった（奥平康弘ほか編『改憲の何が問題か』〔岩波書店、2013〕参照）。2007年には**憲法改正手続法**が強行採決で成立し、2010年に施行された。改憲に熱心なのは、なぜか権力の側にいる政治家などである。結局、憲法で制限されている権力者が自らに対する拘束を緩めて「権力にやさしい憲法」への変質を狙ってはいないか。「はじめに改憲ありき」ではなく、18歳をはじめとする若者にも、主体的で冷静な論議が求められる（→❺❷⓫）。

### ◆ 憲法の変わり方

憲法もまた変動する。憲法改正とは、憲法典が自ら変更する手続規定をもち、それに基づき憲法典の修正・削除・追加等がなされる、憲法変動の最もノーマルな形態をいう。そのほか、憲法の変動には、(1)憲法廃棄、(2)憲法除去、(3)憲法破毀、(4)憲法停止、(5)憲法変遷といった形がある。(1)は、**憲法制定権力**をも排除する変動をいう。君主主権から国民主権への転換をもたらす革命がその典型である。(2)は憲法制定権力は維持されているが、クーデタで軍事政権ができ、既存の憲法が除去されることを指す。(3)は、憲法典中の特定条項が、文言上は変わらないが、それに反する国家実践によって機能しなくなることをいう。(4)は憲法自身が特定の条項の一時的失効を定めている場合で、大日本帝国憲法31条の「天皇非常大権」がその例である。(5)は、上のケースとはややレベルが異なる。憲法の条項に変化はないが、それに反する実例が反復継続して行われ、かつ公権解釈や国民意識がそれを肯定的に支持したとき、憲法が「変遷」したと評価されることがある。ただ、これは、「日本国憲法9条の変遷」という（司法判断もない）政治的思惑たっぷりの問題と結びつけられがちなので、国家がつくる違憲的な事実の力を制限する立憲主義からみても、慎重を要する。では、ノーマルな憲法変動としての憲法改正の場合、手続さえ踏めば、何を、どう変えてもかまわないのだろうか。

## ◆ 憲法改正に限界はある？

　憲法改正に限界はなく「何でもあり」というのが「無限界説」である。憲法典に定める手続による限り、その内容に関して制約を加えることはできないとする。他方、手続をきちんと踏んでも、憲法の「同一性」「基本原理」を損なうような改正は許されないとする立場がある。これが「限界説」という通説である。

　憲法前文は「人類普遍の原理〔…〕に反する一切の憲法〔…〕を排除する」とうたっているので、特定方向への「改正」は禁止されていると考えられる。その原理によれば、国民主権から天皇主権への復帰は許されない。また、11、97条が「永久の権利」をいい、9条が「永久に〔…〕放棄する」という以上、個人の尊厳・人権の縮減や戦争のできる仕組みを導入する改正は許されない。解釈論上は、①国民主権、②人権保障、③平和主義、④96条の改正手続規定の4点を改正限界にカウントするのが一般的である。平和主義の場合は、9条1項の戦争放棄までが限界になるのか、それとも2項の戦力不保持・交戦権否認までも含むのか見解は分かれる。筆者は、日本国憲法の「同一性（アイデンティティ）」としての9条を重視し、1項と2項を一体として改正限界に含めて解している。

　ドイツ基本法は2015年までに66年間で60回も改正されているが、79条3項で、人間の尊厳や、連邦制・民主制・法治国家・社会国家・権力分立（→❸❺㉗㉙㊲）が改正の対象にならないと定める。これは、圧倒的多数の国民が民主的手続を踏んでもなお、憲法の「基本原理」の改変は許さないとするもので、A・ヒトラー独裁をもたらした「ヴァイマル憲法の教訓」（→❿㊳）に基づくものである。

　安倍政権は、憲法96条（改正手続）先行改憲の動き（2013年）が頓挫するや、明文改憲を潜行させる一方で、集団的自衛権行使容認の「解釈改憲」を押し進め（2014〜15年）、再び、「お試し改憲」で緊急事態条項を導入する明文改憲へ舵を切った（2016年〜→❼）。さらに、安倍首相は、自衛隊に関する条項を9条に「加憲」する憲法改正発議を促した（2017年〜）。憲法改正については、憲法の本質が権力の制限・統制にあること（立憲主義→❶）を十分踏まえた冷静な議論が期待される。

→ **憲法制定権力**（制憲権、制憲力）

　憲法をつくる力（憲法によってつくられた権限〔立法権など〕と区別される）。憲法を基礎づけ、諸機関に権限を与える権威または力（芦部信喜『憲法制定権力』〔東京大学出版会、1983〕、樋口陽一「『立憲主義』と『憲法制定権力』」學士院紀要69巻3号〔2015〕参照）。

　国民の制憲力は、近代市民革命（→❶）前夜、フランス、E-J・シェイエスの思想に由来。ヴァイマル憲法（→❿㊳）下、本文（1）〜（5）を挙げたC・シュミットは、（制憲力によってつくられるゆえに）憲法改正権の限界を基礎づけた一方で、国民の「喝采」で制憲力を発動し、あらゆる憲法変動も可能と説いた。ナチス時代の後、多数説は、憲法改正権の上位に据えられて発動せず凍結した制憲力に落ち着いた。ただし、緩やかに制憲力を用い、憲法規範に反する実例に拠る憲法慣習もある（（5）憲法変遷と類似）。

　なお、憲法の正当性を、制憲権という権限問題に帰着させることを批判し、実質論として扱う説も（長谷部恭男『憲法の境界』〔羽鳥書店、2009〕、同「憲法制定権力の消去可能性について」同編『憲法と時間〔岩波講座憲法6〕』〔岩波書店、2007〕）。

---

憲法改正国民投票法パンフレット

総務省が作成し、自治体を通じて配布したパンフレット。

憲法改正模擬投票

2006年8月26日、全国青年司法書士会中国ブロック会が岡山県の湯原温泉で研修会を行った際、そこで本格的な模擬投票を行った。憲法前文から第10章（最高法規）まで、全11項目の改正案にそれぞれ賛否を問う本格的なものだった（投票用紙の色はすべて異なる）。結論は、現行憲法への積極的評価になった。なお、終了後、著者が講評・解説した。

■著者紹介

水島　朝穂（みずしま　あさほ）

【略　歴】
1953年　東京都府中市生まれ
1983年　早稲田大学大学院博士課程単位取得退学
1983年　札幌商科大学商学部助教授
1984年　札幌学院大学法学部助教授［校名変更、学部新設による］
1989年　広島大学総合科学部助教授　を経て、
1996年より、早稲田大学法学学術院教授。博士（法学）
2024年　早稲田大学名誉教授

【主　著】
『現代軍事法制の研究』〔日本評論社、1995〕
『武力なき平和』〔岩波書店、1997〕
『この国は「国連の戦争」に参加するのか』〔高文研、1999〕
『憲法「私」論』〔小学館、2006〕
『時代を読む　新聞を読んで』〔柘植書房新社、2009〕
『東日本大震災と憲法』〔早稲田大学出版部、2012〕
『戦争とたたかう』〔岩波現代文庫、2013〕
『はじめての憲法教室』〔集英社新書、2013〕
『ライブ講義 徹底分析！集団的自衛権』〔岩波書店、2015〕
『平和の憲法政策論』〔日本評論社、2017〕
『世界の「有事法制」を診る』〔法律文化社、2003／編著〕
『改憲論を診る』〔法律文化社、2005／編著〕
『長沼事件 平賀書簡』〔日本評論社、2009／共編著〕
『シリーズ・日本の安全保障３ 立憲的ダイナミズム』〔岩波書店、2014／編著〕　など多数

【ＨＰ等】
「平和憲法へのメッセージ」http://www.asaho.com
ＮＨＫラジオ第１放送「新聞を読んで」レギュラー14年（2011年３月で番組終了）

18歳からはじめる憲法〔第２版〕

2010年７月15日　初　版第１刷発行
2016年５月31日　第２版第１刷発行
2024年６月20日　第２版第８刷発行

著　者　水島朝穂
発行者　畑　　光
発行所　株式会社 法律文化社

〒603-8053
京都市北区上賀茂岩ヶ垣内町71
電話 075(791)7131　FAX 075(721)8400
https://www.hou-bun.com/

印刷：西濃印刷㈱／製本：㈱吉田三誠堂製本所
装幀：白沢　正
ISBN 978-4-589-03781-7
Ⓒ2016 Asaho Mizushima Printed in Japan

乱丁など不良本がありましたら、ご連絡下さい。送料小社負担にてお取り替えいたします。
本書についてのご意見・ご感想は、小社ウェブサイト、トップページの「読者カード」にてお聞かせ下さい。

JCOPY 〈出版者著作権管理機構 委託出版物〉

本書の無断複写は著作権法上での例外を除き禁じられています。複写される場合は、そのつど事前に、出版者著作権管理機構（電話 03-5244-5088、FAX 03-5244-5089、e-mail: info@jcopy.or.jp）の許諾を得て下さい。

## 〈18歳から〉シリーズ

**学問の世界への第一歩**
法律文化社

新入生を対象に、高校までの"勉強"とはひと味ちがう"学問"のおもしろさを感じてもらうための入門書シリーズです。18歳の目線で捉えた具体的な事象からひもとき、各科目の基礎となるエッセンスを解説しています。

＊B5判・カバー巻・100〜120頁

|  |  |  |
|---|---|---|
| 18歳からはじめる憲法〔第2版〕 | 水島朝穂 著 | 2420円 |
| 18歳から考える人権〔第2版〕 | 宍戸常寿 編 | 2530円 |
| 18歳からはじめる民法〔第5版〕 | 潮見佳男・中田邦博・松岡久和 編 | 2420円 |
| 18歳から考える家族と法 | 二宮周平 著 | 2530円 |
| 18歳から考える消費者と法〔第2版〕 | 坂東俊矢・細川幸一 著 | 2420円 |
| 18歳からはじめる情報法〔第2版〕 | 米丸恒治 編 | 2530円 |
| 18歳からはじめる知的財産法 | 大石玄・佐藤豊 編 | 2530円 |
| 18歳から考えるワークルール〔第2版〕 | 道幸哲也・加藤智章・國武英生 編 | 2530円 |
| 18歳からはじめる環境法〔第2版〕 | 大塚直 編 | 2530円 |
| 18歳から考える日本の政治〔第3版〕 | 五十嵐仁 著 | 2530円 |

---

水島朝穂・大前治著
**検証 防空法**
—空襲下で禁じられた避難—
A5判・274頁・3080円

「逃げるな、火を消せ」。空襲被害を拡大させた防空法制。この成立、展開、消滅の過程を通じて、空襲被害の深部に潜む構造的問題を解明。防空法制を想起させる設計思想をもつ国民保護法制等の検討にも有益な視点を提示。

水島朝穂編著
**改憲論を診る**
A5判・250頁・2200円

改憲論の問題状況を立憲主義の立場からわかりやすく診断する。憲法調査会・各政党・メディア・文化人・経済界等の改憲論議を整理し、改憲論を診る素材と視角を提供。護憲・改憲それぞれが憲法の本義を考えるための必読の書。

水島朝穂編著
**ヒロシマと憲法〔第4版〕**
A5判・296頁・3080円

世界の〈ヒロシマ〉と一地方都市の〈広島〉を憲法学の視角から結びつけ、具体的問題を通じて日本国憲法の平和主義の今日的意味を再確認する。第3版発刊（1997年）以降の状況変化をふまえ全体を見直した。

---

法律文化社

表示価格は消費税10%を含んだ価格です